deutsch üben

Anneli Billina / Lilli Marlen Brill / Marion Techmer

Wortschatz & Grammatik B1

Hueber Verlag

4. 3. 2. | Die letzten Ziffern
2019 18 17 16 15 | bezeichnen Zahl und Jahr des Druckes.
Alle Drucke dieser Auflage können, da unverändert, nebeneinander benutzt werden.
1. Auflage

Redaktion: Hans Hillreiner, Hueber Verlag, München
Umschlaggestaltung: creative partners gmbh, München
Umschlagfotos von links: © Thinkstock/Wavebreak Media; © Thinkstock/Fuse; © Thinkstock/iStock/Hongqi Zhang
Zeichnungen: Irmtraud Guhe, München
Layout: appel media, Oberding
Satz: Sieveking · Agentur für Kommunikation, München und Berlin
Druck und Bindung: PHOENIX PRINT GmbH, Deutschland
Printed in Germany
ISBN 978-3-19-417493-1

Art. 530_18267_001_02

Inhalt

Vorwort

Liebe Deutschlernende,

mit dem Band *deutsch üben* Wortschatz & Grammatik B1 können Sie den Wortschatz und die Grammatik der Niveaustufe B1 einüben und festigen.
Wortschatz & Grammatik B1 behandelt alle Themenbereiche, die für die Stufe B1 des *Gemeinsamen Europäischen Referenzrahmens* vorgesehen sind.

Sie finden darin

- vielfältige Übungen zu Wortschatz und Grammatik für mehr Sicherheit im täglichen Umgang mit der deutschen Sprache,
- authentische Situationen, Dialoge und Textsorten aus dem Alltags- und Arbeitsleben,
- zahlreiche Lern-Tipps und Grammatikübersichten („Das kann ich schon"),
- praktische Lernwortschatz-Boxen,
- zahlreiche lernfördernde Illustrationen und
- einen übersichtlichen Lösungsteil zur Selbstkontrolle.

Zur Hinführung auf die Niveaustufe B1 finden Sie Übungen, die im Wortschatzteil durch eine andere Gestaltung der Nummerierung **E4** und im Grammatikteil durch die Nummerierung mit einer Null **P0** gekennzeichnet sind. Diese Übungen enthalten vermehrt Grammatikinhalte und Wortschatz der Niveaustufe A2.

Der vorliegende Band eignet sich
- zur Wiederholung und Vertiefung des Wortschatzes und der Grammatik der Niveaustufe B1,
- zur Vorbereitung auf die Prüfungen dieses Niveaus (*Zertifikat B1*, *Zertifikat Deutsch*),
- zur Vorbereitung auf das Leben in deutschsprachigen Ländern und
- zur Aufrechterhaltung vorhandener Sprachkenntnisse.

Er ist bestens zur Selbstevaluation geeignet, um zu testen, was man gut oder weniger gut beherrscht.

Viel Erfolg mit *deutsch üben* Wortschatz & Grammatik B1!
Autorinnen und Verlag

Abkürzungen:

A	Varianten, die man in Österreich benutzt	Sg	Singular
		Pl	Plural
CH	Varianten, die man in der Schweiz benutzt	Akk.	Akkusativ
		Part. Präs.	Partizip Präsens
m	maskulin, männlich	Part. Perf.	Partizip Perfekt
f	feminin, weiblich	Komp.	Komparativ
n	neutral, sächlich	Superl.	Superlativ

Teil 1: Wortschatz

A. Kontakte, Informationen zur Person

A1 Anmeldeformular

Ergänzen Sie.

Familienname • ~~Antragsformular~~ • Straße • Vorname • Nationalität • Hausnummer • Postleitzahl • Geburtsdatum • Unterschrift • Wohnort • Mobiltelefon • Telefon • Vorwahl • E-Mail • aktiv • Ermäßigung • Konto • Beiträge (Pl)

(1) *Antragsformular*

TURNVEREIN NEUSTADT

Sportart: *Handball* ☒ (2) ________ ☐ passiv

Santos
(3) ____________________

Maria
(4) ____________________

29.04.64
(5) ____________________

Spanisch
(6) ____________________

Giselastr.
(7) ____________________

12
(8) ____________________

81739
(9) ____________________

München
(10) ____________________

089 / 733923
(11) ____________ / (12) ____________

01710 / 347648
(13) ____________________

(14) __________: *m.santos@web.de*

Beitragszahlung:

Die (15) ____________ werden ☐ vierteljährlich ☐ halbjährlich
☒ jährlich von meinem (16) ________ abgebucht. (17) ____________
(nur gegen Bescheinigung) für Schüler/Studenten/Azubis.
IBAN: *DE23 7015 0000 1002 7277 07*
BIC: *WELADED1UNN*

Maria Santos
(18) ____________________

Lernwörter

der Verein, -e	das Antragsformular, -e	der Wohnort, -e	das Mobiltelefon, -e
die Zahlung, -en	das Konto, -s	der Beitrag, ¨-e	die Ermäßigung, -en
die Unterschrift, -en	aktiv	passiv	

A2 Herzlich willkommen!

Ergänzen Sie. Achten Sie auf die korrekte Form.

beschäftigt • halbtags • angestellt • ~~herzlich willkommen~~ • im Augenblick • arbeitslos • sich vorstellen • berufstätig • von Beruf sein • Bereich • Stelle • nennen • Arbeitsplatz • Kindergarten

● Meine Damen und Herren, mein Name ist Nadja Mayer. Ich heiße Sie (1) *herzlich willkommen* bei unserer Fortbildung. Darf ich Sie bitten, (2) *s*_____ kurz *v*_____. Bitte (3) *n*_____ Sie Ihren Namen und sagen Sie, welche beruflich Tätigkeit Sie bisher ausgeübt haben.

○ Ich heiße Eva Dill und (4) *b*_____ *v*_____ *B*_____ Lehrerin. (5) *I*_____ *A*_____ arbeite ich (6) *h*_____ als Team-Assistentin.

▶ Mein Name ist Max Richter. Ich war als Hausmeister (7) *a*_____. Momentan bin ich (8) *a*_____. Ich hoffe, bald wieder einen (9) *A*_____ zu finden.

■ Ich bin Emma Winter. Zurzeit bin ich nicht (10) *b*_____. Wenn meine Tochter einen Platz im (11) *K*_____ hat, möchte ich eine (12) *S*_____ im (13) *B*_____ Marketing annehmen. Bisher war ich im Bereich Personal (14) *b*_____.

Lernwörter

Herzlich willkommen!	die Stelle, -n	der Bereich, -e	der Arbeitsplatz, ¨-e
der Augenblick, -e	von Beruf sein	nennen	arbeitslos
halbtags			

A3 Jemanden vorstellen

Ergänzen Sie. Achten Sie auf die korrekte Form.

bekannt machen • Studium • ~~Kollegin~~ • angenehm • kennenlernen • vorstellen

1. ● Darf ich Ihnen unsere neue *Kollegin* Frau Weininger ____________.
   ■ ____________. Mein Name ist Bräuer. Tim Bräuer.
   ▲ Angenehm.
2. ● Das ist eine gute Freundin von mir, Ute Richter. Frau Richter und ich kennen uns seit dem ____________.
   ■ Freut mich, Sie ____________, Frau Richter.
3. ● Darf ich Sie ____________? Herr Santos – Herr Reiter.
   ■ Guten Tag, Herr Reiter. ▲ Hallo, Herr Santos.

A4 Visitenkarten

Ergänzen Sie. Achten Sie auf die korrekte Form.

Messe • geben • Visitenkarte • selbstverständlich • ~~haben~~ • sich melden

1. ● *Hätten* Sie eine Visitenkarte für mich?
   ○ Ja, ____________. Hier bitte.
   ● Danke schön. Ich ____________ dann zirka in zwei Wochen nach der ____________ bei Ihnen.
2. ▶ Darf ich Ihnen meine ____________ geben?
   ■ Gerne. Einen Moment, ich ____________ Ihnen auch meine.

! Tipp

Wörter verstehen

Viele Wörter der Übungen müssen Sie bei einer Prüfung auf dem Niveau B1 nicht anwenden, aber verstehen können. Zum Beispiel: *die Fortbildung, beschäftigt, angestellt, zirka* ... Diese Wörter stehen nicht in den Lernwörterkästen.

Lernwörter

die Messe, -n
selbstverständlich
sich melden
angenehm
kennenlernen
bekannt

A5 Die richtige Reihenfolge beim Vorstellen

Ergänzen Sie. Achten Sie auf die korrekte Form.

Dame • ~~Reihenfolge~~ • Beruf • Bereich • privat • beachten • Kunde • Situation • Person • erfahren • Mitarbeiter • alt • gelten

Die richtige Reihenfolge beim Vorstellen

Wie ist die richtige (1) *Reihenfolge* beim Vorstellen? Im (2) *p*________ Bereich gibt es zwei Regeln. Die erste Regel lautet: Der Herr wird der (3) *D*______ zuerst vorgestellt. Die zweite Regel lautet: Die jüngere (4) *P*______ wird der älteren zuerst vorgestellt. Was aber tun, wenn Sie einen (5) *ä*______ Mann einer jüngeren Frau vorstellen sollen? Dann entscheiden Sie aus der (6) *S*________ heraus, wen Sie wem zuerst vorstellen. Bei geschäftlichen Situationen und im (7) *B*______ (8) *b*______ man die Hierarchie. Das bedeutet, zuerst (9) *e*______ der Chef, wie der Praktikant heißt, dann erfährt der Praktikant den Namen des Chefs. Wenn es keine Hierarchie gibt, (10) *g*______ die Regeln aus dem privaten (11) *B*______: Die Frau erfährt zuerst, wie der Mann heißt; eine ältere Person erfährt zuerst, wer die jüngere Person ist. Eine weitere Regel ist – der Kunde ist König –, dass man zuerst dem (12) *K*______ die Mitarbeiter der eigenen Firma vorstellt, dann den (13) *M*________ den Kunden.

Tipp

Anrede für weibliche Personen
Die Anrede für weibliche Personen ist *Frau*. Das Wort *Fräulein*, mit dem man früher unverheiratete Frauen angesprochen hat, ist veraltet. Es gilt heute als diskriminierend.

Tipp

Handgeben
Beim Begrüßen und Verabschieden gibt man sich in den deutschsprachigen Ländern oft die Hand. Das ist förmlicher, als wenn man sich dabei nur zunickt.

Lernwörter

die Dame, -n	die Person, -en	der Beruf, -e	der Augenblick, -e
die Reihenfolge, -n	beachten	der Bereich, -e	privat
der Kunde, -n	der Mitarbeiter, -	erfahren	

A6 Angaben zur Person

Was passt nicht?

1. *Familienstand:* ledig – verheiratet – ~~geboren~~ – geschieden – getrennt lebend
2. *Adresse:* Wohnort – Straße – Faxnummer – Wohnsitz – Platz
3. *Name:* Mädchenname – geborene – Nachname – Partner
4. *Geburtsdatum:* Geburtstag – Geburtsjahr – Geburtsort – geboren am
5. *Beziehung:* allein – Partner – Freund – Verlobte
6. *verheiratet:* Gattin – Gatte – Ehefrau – Ehemann – Freundin

A7 Jung und Alt

Ergänzen Sie. Achten Sie auf die korrekte Form.

Jugend • Erwachsene • ~~Baby~~ • Verwandte • Jugendliche (CH: Junge) • Familie • Familienangehörige • Schwiegereltern • Geschwister • Tante • Cousine • Handy

1. Hurra, unser *Baby* ist da! Jetzt sind wir eine ____________.
2. ____________________ begrüßen Jugendliche mit „Hi" oder „Hallo".
3. Opa erzählt immer, dass es in seiner ____________ noch keine ____________ gab.
4. ____________________ begrüßen sich morgens mit „Guten Morgen".
5. Zum 50. Geburtstag hatte sie viele ____________________ eingeladen: ihre Eltern und Geschwister, ihre Onkel, ____________, Cousins und ______________ und ihre ____________________________.
6. Ich muss mich alleine um meine Eltern kümmern, ich habe keine ____________________.
7. Der Arzt darf nur ____________________________________ Auskunft geben.

! Tipp

Pluralbildung
Wörter mit der Endung **-y** bilden den Plural mit **-s**:
***das** Baby – die Babys, **die** Party – die Partys.*

Lernwörter

getrennt	geborene	der Partner, -	die Beziehung, -en
die Verlobte, -n	das Baby, -s	der Jugendliche, -	die Verwandte, -n
der Erwachsene, -n	der Angehörige, -n	der Onkel, -	die Tante, -n
die Cousine, -n	die Schwiegereltern (nur Pl)	die Auskunft, ¨-e	das Handy, -s

A8 Kontinente

Ergänzen Sie die Kontinente. Achten Sie bei den Adjektiven auf die korrekte Form.

~~Amerika~~ • Asien • Europa • Afrika • Australien

1. *Amerika* ______ der *amerikanische* ______ Kontinent
2. ______ der ______ Kontinent
3. ______ der ______ Kontinent
4. ______ der ______ Kontinent
5. ______ der ______ Kontinent

A 9 Land und Leute

Ergänzen Sie die Bewohner.

Kontinent	**Bewohner**	**Bewohnerin**
1. Amerika	der *Amerikaner*	die Amerikanerin
2. Asien	der Asiat	die ________
3. Afrika	der ________	die Afrikanerin
4. Europa	der ________	die Europäerin
5. Australien	der Australier	die ________

Lernwörter

europäisch — australisch — amerikanisch — afrikanisch — asiatisch
der Kontinent, -e — der Bewohner, - — die Leute (Pl)

A 10 Ausweispapiere und Dokumente

Ergänzen Sie. Achten Sie auf die korrekte Form.

~~Ausweis~~ • Personalien (Pl) • Papiere (Pl) • Dokument • ausstellen • gültig • verlängern • Senioren (Pl)

1. Da sie jung aussah, musste das Mädchen am Diskoeingang ihren *Ausweis* zeigen.
2. Bei der Verkehrskontrolle wollte der Polizist die *P*________ des Autofahrers sehen.
3. Der Kontrolleur nahm die *P*________ der Frau auf, die keinen Fahrschein hatte.
4. Ermäßigungen für Kinder und *S*________ bekommen Sie nur, wenn Sie mir ein *D*________ mit Passfoto zeigen.
5. Ich muss mein Visum *v*________ lassen, es ist abgelaufen.
6. Mein Pass ist nicht mehr *g*________, ich muss mir einen neuen *a*________ lassen.

Staatsbürger • Bewerbung • Heiratsurkunde • kontrollieren • senden • erhalten • ausfüllen • europäisch • Staat

7. Sie musste ihre H __________ vorlegen, um Ihr Visum zu beantragen.
8. Ich muss noch einen Lebenslauf für meine B __________ schreiben.
9. Sie müssen das Anmeldeformular a __________. Sie e __________ von uns keine Anmeldebestätigung. Wir s __________ nur eine Mail, wenn der Kurs nicht stattfindet.
10. Als S __________ der EU kann ich in Ländern der Europäischen Union arbeiten.
11. Das Schengener Abkommen ermöglicht, dass sich Menschen und Waren leichter in den e __________ Ländern bewegen können. Statt zwischen den St __________ wird nun strenger an den Außengrenzen der Europäischen Union k __________.

! Tipp

Ich fahre ***nach*** Italien. (Länder ohne Artikel)
Er fliegt morgen ***in die*** USA. (Länder mit Artikel)

Lernwörter

der Ausweis, -e
die Senioren (Pl)
europäisch
verlängern
die Ermäßigung, -en
ausstellen
erhalten
die (Ausweis-) Papiere (Pl)
das Dokument, -e
der Staatsbürger, -
kontrollieren
gültig
die Bewerbung, -en
ausfüllen
der Staat, -en

A

A 11 Europäische Union

Wie heißen die Mitgliedsstaaten der Europäischen Union.

Slowenien • Bulgarien • Estland • Deutschland • Tschechien • Finnland • Schweden • Luxemburg • ~~Belgien~~ • Großbritannien • Irland • Österreich • Lettland • Litauen • Frankreich • Malta • Niederlande • Griechenland • Portugal • Rumänien • Polen • Slowakei • Dänemark • Spanien • Italien • Ungarn • Zypern • Kroatien

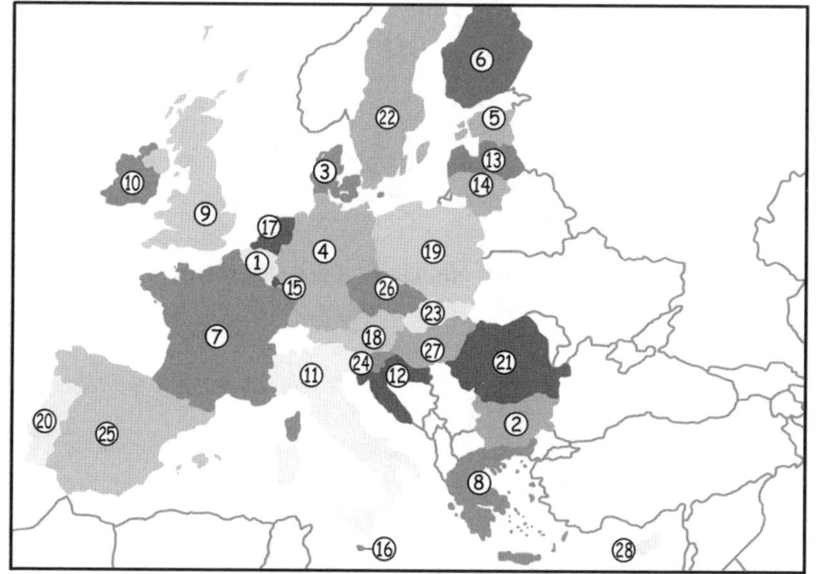

1. B*elg*ien	2. Bu______ien	3. Dä______k
4. D__________d	5. E______d	6. F______d
7. F______ich	8. G__________d	9. G____________n
10. I_____d	11. I______n	12. K______n
13. L______d	14. L______n	15. L________g
16. M___a	17. N__________e	18. Ö________ch
19. P_____	20. P_______l	21. R_______n
22. Sch_____n	23. S______ei	24. Sl_______n
25. S______n	26. T_________n	27. U_____n
28. Z_____n		

B. Familie, Freunde und Beziehungen

B1 Familie und Verwandte

Ergänzen Sie Nomen und Artikel.

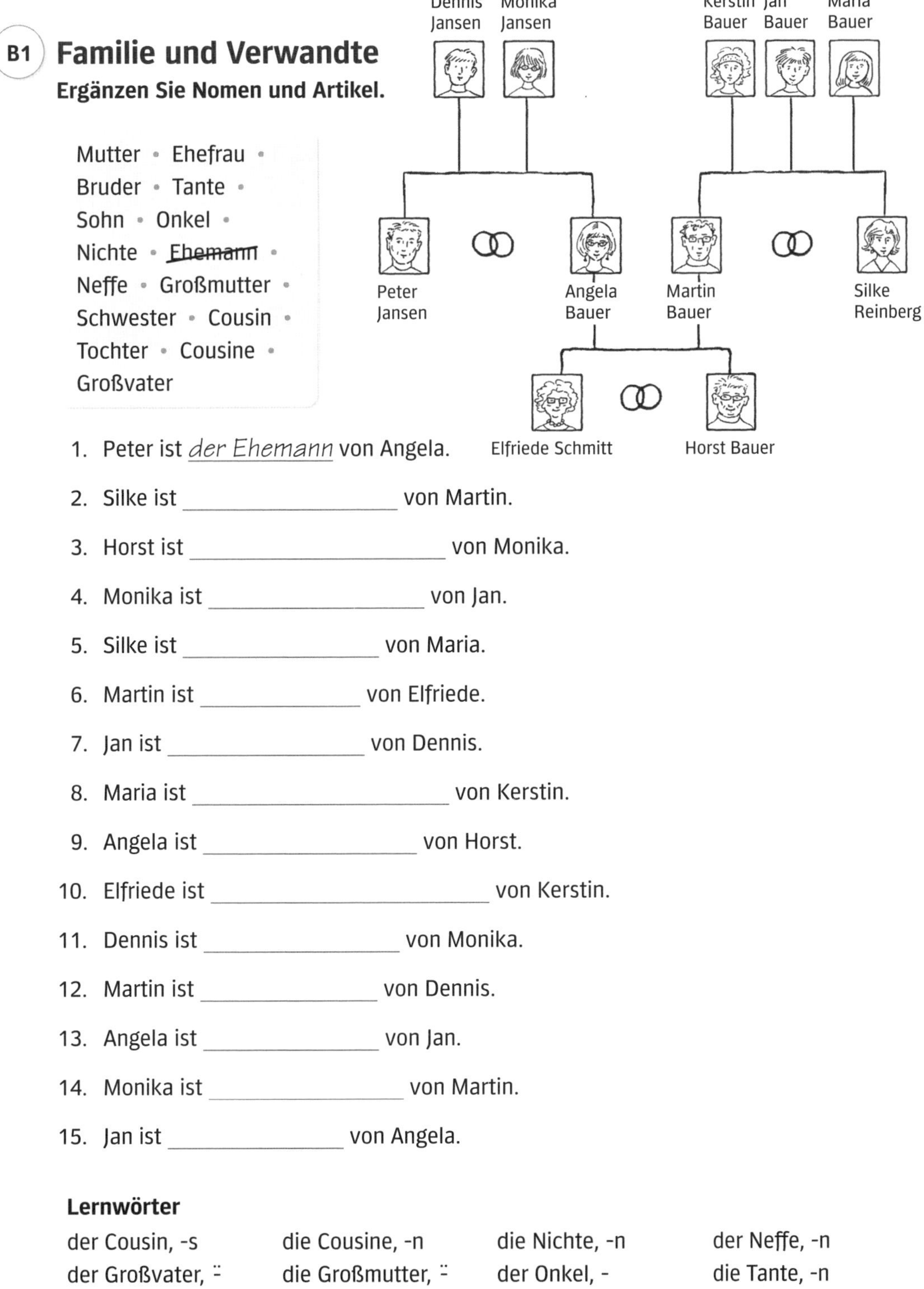

Mutter • Ehefrau • Bruder • Tante • Sohn • Onkel • Nichte • ~~Ehemann~~ • Neffe • Großmutter • Schwester • Cousin • Tochter • Cousine • Großvater

1. Peter ist *der Ehemann* von Angela.
2. Silke ist ________________ von Martin.
3. Horst ist ________________ von Monika.
4. Monika ist ________________ von Jan.
5. Silke ist ________________ von Maria.
6. Martin ist ________________ von Elfriede.
7. Jan ist ________________ von Dennis.
8. Maria ist ________________ von Kerstin.
9. Angela ist ________________ von Horst.
10. Elfriede ist ________________ von Kerstin.
11. Dennis ist ________________ von Monika.
12. Martin ist ________________ von Dennis.
13. Angela ist ________________ von Jan.
14. Monika ist ________________ von Martin.
15. Jan ist ________________ von Angela.

Lernwörter

der Cousin, -s	die Cousine, -n	die Nichte, -n	der Neffe, -n
der Großvater, ¨-	die Großmutter, ¨-	der Onkel, -	die Tante, -n

B2 Allgemeine Beziehungen

Ergänzen Sie. Achten Sie auf die korrekte Form.

Kontakte pflegen • Auftrag • zusammen • zufällig • Beziehung • ~~vorstellen~~ • kennenlernen • persönlich • Zufall • gemeinsam

1. Ich möchte Ihnen unsere neue Praktikantin Frau Schuch *vorstellen*.
2. Er bekam den *A*________, weil er gute *B*________ zum Chef hat.
3. Sie *pf*________ immer noch die *K*________ zu ihren ehemaligen Klassenkameradinnen.
4. Herrn Sanchez habe ich durch einen *Z*________ bei einem internationalen Kongress *k*________. Wir haben *g*________ einen Workshop besucht.
5. Ich habe Frau Ludwig *z*________ auf dem Oktoberfest getroffen.
6. Ich kenne Herrn Löw nicht *p*________, aber ich habe viel von ihm gehört.
7. Fahren wir *z*________ oder möchtest du lieber alleine fahren?

bekannt • gewöhnen • Team • Bekannte • einander • vertrauen • duzen • Du sagen • siezen • eng

8. Du kannst ihr wirklich *v*________. Sie ist eine gute *B*________ von mir. Ich arbeite seit Jahren *e*____ mit ihr zusammen.
9. Ich muss mich noch daran *g*________, dass sich hier in der Firma alle *d*______.
10. Zu Kindern unter fünfzehn Jahren *s*______ man *D*___.
11. Erwachsene, die man nicht kennt, *s*______ man.
12. Sie arbeitet gerne im *T*______.
13. Wir siezen *e*________, obwohl wir uns schon lange kennen.
14. Frau Lüdenscheidt ist mir leider nicht *b*________.

Lernwörter

duzen	siezen	kennenlernen	die Beziehung, -en
zufällig	persönlich	zusammen	gemeinsam
gewöhnen	vertrauen	bekannt	das Team, -s

B3 Liebe und Partnerschaft

Ergänzen Sie. Achten Sie auf die korrekte Form.

zusammen sein mit • ~~sich verlieben~~ • zusammenleben • Liebesbeziehung • unterstützen • Freundin • streicheln • Kuss • Partner • zärtlich • verliebt

1. Ich habe *mich* auf einer Faschingsparty in meinen Mann *verliebt*.
2. Wir haben keine ______________________, wir haben uns einfach nur sehr gern.
3. ■ Sind die beiden ____________?
   ● Ja, ich bin mir sicher, dass Leon _____ Katrin ____________ _____.
4. Sie sind nicht verheiratet, aber sie ________ seit vielen Jahren ____________.
5. Sie ________________ ihren Freund, wo sie nur kann.
6. ● Sind bei dem Empfang auch die __________ eingeladen?
   ■ Ja, meine ____________ kommt mit.
7. Sie ________________ ihr Baby und gab ihm einen ______________ ______.

B4 Ehe

Ergänzen Sie die Vokale.

1. Ihr seid schon so lange ein Paar, wollt ihr nicht h*ei*r*a*t*e*n?
2. Sie hat zwei Kinder aus erster __h__.
3. In dem Haus neben uns wohnt ein älteres __h__p___r mit einem Hund. Sie sind schon seit über zwanzig Jahren v__rh___r__t__t.
4. Ich gratuliere Ihnen und Ihrem G__tt__n ganz herzlich und wünsche Ihnen alles Gute für den g__m___ns__m__n Lebensweg.
5. G__tt___ ist ein anderes Wort für Ehefrau.
6. Sie trug zur H__chz__it ein langes weißes Kleid.

Lernwörter

die Hochzeit, -en	heiraten	der Partner, -	die Liebesbeziehung, -en
der Kuss, ¨-e	streicheln	zusammenleben	zusammen sein mit
gemeinsam			

B5 Sexualität

Ergänzen Sie. Es gibt einen Lesetrick.

1. Kinder (nednewrev) _verwenden_ das Wort (luwhcs) __________ oft als Schimpfwort, ohne zu wissen, was es bedeutet.
2. In Deutschland können (elleuxesomoh) ____________________, also schwule und (ehcsibsel) _______________ Paare heiraten.
3. Der Film ist langweilig, darin geht es nur um (xeS) _____.
4. Sie will nicht (tim) _____ ihm (nefalhcs) _____________, so lange er noch (enie gnuheizeB) _______ _______________ mit einer anderen Frau (tah) _____.

B6 Streit und Konflikte

Wie heißen die Verben?

1. die Scheidung — Sie werden _sich_ dieses Jahr _scheiden_ _lassen_.
2. *der Streit* — Er _____________ _______ oft mit seiner Frau.
3. *die Lüge* — Du sagst nicht die Wahrheit, du ________.
4. *die Trennung* — Sie haben _______ _____________.
5. *die Beleidigung* — Sie hat ihn oft _______________.
6. *die Diskussion* — Er muss immer über alles __________________.

! Tipp

Wörter verstehen

Viele Wörter der Übungen müssen Sie bei einer Prüfung auf dem Niveau B1 nicht anwenden, aber verstehen. Zum Beispiel: *lesbisch, schwul, eine Beziehung haben, sich scheiden lassen, die Scheidung* ... Diese Wörter stehen nicht bei den Lernwörtern.

Lernwörter

homosexuell	schlafen mit	die Scheidung, -en	sich scheiden lassen
sich trennen	verwenden	beleidigen	zusammen sein mit
lügen	die Lüge, -n	sich streiten	der Streit, -e
diskutieren	die Diskussion, -en		

B7 Vielen Dank für die Einladung!

Ergänzen Sie. Achten Sie auf die korrekte Form.

~~Rückfahrt~~ • führen • Geburtstagsfeier • Verabredung • Veranstaltung • mitbringen • zu Besuch sein • sich bedanken • ablehnen • Stimmung • annehmen • zusagen • Schulfest • Treffen • Besuch • vorbeikommen bei • ausgezeichnet • absagen • spendieren • Einladung • Besteck • sich verabschieden • einen ausgeben • teilnehmen an • sich unterhalten über

1. Auf der *Rückfahrt* aus unserem Urlaub *kommen* wir *bei* euch *vorbei*.
2. Vielen Dank für die *E*________. Das Essen war wie immer *a*________!
3. Wir können nicht zu der *V*________ kommen. Wir haben *B*________.
4. Muss man zum *Sch*________ wieder Teller und *B*________ mitbringen?
5. Wir müssen die *G*________ leider *a*________, Laurin ist krank.
6. Ich kann die Einladung leider nicht *a*________, ich habe schon bei einer anderen Party *z*________.
7. Der junge Mann wollte ihr einen Drink *sp*________, aber sie *l*________ *a*____.
8. Ich muss *m*____ noch bei Ute *v*________ und *m*____ für das Geschenk *b*________.
9. Am Wochenende *s*____ meine Schwiegereltern bei uns *z*__ *B*________.
10. Wir hatten schon eine *V*________, deshalb haben wir das *T*________ mit euch verschoben.
11. Nach dem Skifahren *g*____ immer einer aus unserer Clique *e*________ *a*____.
12. Er *n*____ nicht *a*__ der Veranstaltung *t*____.
13. Sollen wir etwas für das Büffet *m*________?
14. Die *St*________ war leider sehr formell. Wir haben *u*____ den ganzen Abend nur *ü*____ das Projekt *u*________ und keine anderen Gespräche *gef*________.

Lernwörter (siehe folgende Seite)

Lernwörter

der Besuch, -e	das Schulfest, -e	ausgezeichnet	vorbeikommen bei
die Einladung, -en	das Besteck, -e	zusagen	sich unterhalten über
das Treffen, -	die Verabredung, -en	zu Besuch sein	sich verabschieden
teilnehmen an	mitbringen	die Stimmung, -en	die Veranstaltung, -en
bedanken	die Rückfahrt, -en	das Gespräch, ¨-e	die (Geburtstags-)Feier, -n

B8 Einladungen und Verabredungen

Ordnen Sie zu.

1. Wollen Sie gleich einen neuen Termin ausmachen?
2. Guten Tag, mein Name ist Janzen. Ich bin mit Herrn Agert verabredet.
3. Warten Sie noch auf den Rest der Teilnehmer?
4. Bist du mit Frau Ludwig verabredet?
5. Hast du eine Idee, was wir Frau Krahmer bei der Abschiedsfeier schenken können?
6. Wie viele Gäste werden zum Sommerfest erwartet?
7. Darf ich Ihnen ein Glas Sekt anbieten?

a) Ja, gerne. Aber bitte mit Orangensaft.

b) Nein, über ein Geschenk habe ich noch nicht nachgedacht.

c) Herr Agert, Frau Janzen ist am Empfang für Sie.

d) Nein, ich rufe Sie nächste Woche noch einmal an.

e) Wir erwarten zirka 200 Personen.

f) Ja, wir wollen morgen Mittag zusammen essen gehen.

g) Nein, ich möchte gleich mit der Fortbildung beginnen.

1.	2.	3.	4.	5.	6.	7.
d)						

Lernwörter

verabreden	der Rest, -e	nachdenken	der Teilnehmer, -
der Termin, -e	sich melden	beginnen	verabredet sein mit
die Person, -en	anbieten	erwarten	die (Abschieds-)Feier, -n
der Gast, ¨-e	das (Sommer-)Fest, -e		

C. Charakter, Eigenschaften und Einstellungen

C1 Charakter und Eigenschaften

Ergänzen Sie. Achten Sie auf die korrekte Form.

wütend • stolz • zuverlässig • glücklich • zufrieden • ~~beliebt~~ • blöd • nett • streng • gerecht • Geduld • lieb • gut gelaunt • neugierig • komisch • unsympathisch • unzufrieden • Typ • Art • ernst • nervös • Witz

1. Die Handarbeitslehrerin ist nicht *beliebt*, weil sie sehr *st*______ ist.
2. Er war sehr *w*______ und hat sie als *b*______ Kuh beschimpft.
3. Ich mag seine neue Freundin, sie ist wirklich sehr *n*______.
4. Wir sind mit dem Au-pair-Mädchen *z*______: Es ist *z*______ und sehr *l*______ zu den Kindern.
5. Er bekommt die Stelle, auf die er sich beworben hat, und ist *g*______.
6. David liebt seine Grundschullehrerin (A: Volksschullehrerin). Sie hat *G*______, behandelt alle Schüler gleich, ist *g*______ und ist immer *g*______ *g*______.
7. Sie waren *st*______ auf den Erfolg ihres Sohnes.
8. Unser Nachbar ist jetzt 86 und mit dem Alter *k*______ geworden.
9. Ich bin *n*______, wer seine Freundin ist.
10. Er ist mir *u*______, weil er immer blöde *W*______ macht.
11. Ich mag ihn nicht besonders, weil er immer mit allem *u*______ ist.
12. Simon war vor dem Referat ein bisschen *n*______.
13. Die beiden sind sich vom *T*______ her sehr ähnlich.
14. Sie lacht nur selten. Sie ist ein *e*______ Mensch
15. Er kommt sicher noch, es ist nicht seine *A*______, unzuverlässig zu sein.

Lernwörter

(be-)schimpfen	wütend	beliebt	geduldig
neugierig	gerecht	glücklich	komisch
streng	ernst	zuverlässig	unsympathisch
die Geduld (Sg)	der Witz, -e	der Typ, -en	die Art, -en
zufrieden (mit)			

C2 Wie ist er denn?

Ergänzen Sie das Gegenteil?

passiv • faul • sympathisch • glücklich • ~~unfreundlich~~ • ernst • lustig • schlecht gelaunt • dumm

1. freundlich ⟷ *unfreundlich*
2. unsympathisch ⟷ ________
3. fröhlich ⟷ ________
4. unglücklich ⟷ ________
5. aktiv ⟷ ________
6. gut gelaunt ⟷ ________
7. traurig ⟷ ________
8. fleißig ⟷ ________
9. intelligent ⟷ ________

C3 Kontaktanzeigen

Ergänzen Sie die Vokale.

Attraktive bl_nd_ Ärztin, tolle F_g_r, sp_rtl_ch, 37 J., 1,82, st_rk_r Charakter, sucht tr____n, _hrl_ch_n Partner. Interessen: Oper, K_nz_rt, K_nst, L_t_r_t_r, Natur. Raum 4: sternschnuppe@yuhuu.de

_ttr_kt_v_r Akademiker (34, 1,89), mit H_m_r und T_mp_r_m_nt, schl_nk, sucht Dich: eine h_bsch_, selbstbewusste Frau, um g_m___ns_m das Leben zu g_n___ß_n. Ich freue mich auf _rnst gemeinte Zuschriften unter: Lebensglueck@net.de

! Tipp Lernen Sie Adjektive immer mit dem Gegenteil: *hässlich ⟷ schön, aktiv ⟷ passiv*

Lernwörter

der Humor (Sg)	die Figur, -en	der Partner, -	das Konzert, -e
die Literatur, -en	die Kunst, ¨-e	blond	schlank
fröhlich	glücklich	lustig	sportlich
aktiv	passiv	ernst	faul
schlank	genießen	gemeinsam	

C4 Sprichwörter und Zitate

Ergänzen Sie.

treu • fleißig • feige • mutig • ~~höflich~~ • ehrlich • Zweifel

Im Deutschen lügt man, wenn man (1) *höflich* ist.
(Johann Wolfgang von Goethe)

Wie (2) ________ man ist, weiß man immer erst nachher.
(Ludwig Marcuse)

Am Abend wird der Faule (3) __________.
(deutsches Sprichwort)

Man ist nicht (4) ________ wenn man weiß, was dumm ist.
(Ernest Hemingway)

Kein (5) __________, der Hund ist treu. Aber sollen wir uns deshalb ein Beispiel an ihm nehmen? Er ist doch dem Menschen (6) ______ und nicht dem Hund.
(Oscar Wilde)

Das ganze Regieren besteht aus der Kunst, (8) __________ zu sein.
(Thomas Jefferson)

Lernwörter

mutig	höflich	feig	fleißig
der Zweifel, -			

C5 Wie sieht er aus?

Was passt nicht?

1. Seine Haare sind ... kurz – lang – ~~mager~~ – glatt.
2. Er trägt ... einen Bart – eine Brille – ein Gesicht.
3. Seine Haut ist ganz ... blass – groß – hell.
4. Seine Gesichtsform ist ... rund – breit – blass – schmal.
5. Seine Haarfarbe ist ... grau – schwarz – dünn – braun.
6. Er ist vom Körperbau her ... groß – dick – doof – klein.
7. Sie ist sehr dünn. Sie ist ... schick – schlank – mager.

C6 Schreib doch mal!

Was passt nicht?

1. *Eine Einladung* ... schreiben – bekommen – ~~antworten~~ – kriegen
2. *Auf eine Einladung* ... reagieren – antworten – danken – warten
3. *Ich schreibe mit* ... Brief – Kugelschreiber – Bleistift – Füller.
4. *Zum Schreiben brauche ich* ... einen Zettel – ein Blatt – Papier – eine Diskussion.
5. *Ich schreibe* ... einen Brief – einen Brieffreund – eine Postkarte – eine Ansichtskarte.
6. *Ich brauche für den Brief* ... eine Antwort – einen Briefumschlag (A: ein Kuvert, CH: ein Couvert).
7. *Ich schicke dir* ... eine Post – eine E-Mail / ein E-Mail (A, CH) – einen Brief – eine SMS.

Lernwörter

das Gesicht, -er	hell	der Körperbau (Sg)	schmal
breit	schick	reagieren	kriegen
die Postkarte, -n	die Ansichtskarte, -n	der Zettel, -	der Briefumschlag, ¨-e

C7 Gefühle und Einstellungen

Ergänzen Sie. Achten Sie auf die korrekte Form.

beschließen • Freude • hassen • mit Absicht • sich ärgern • Laune • ~~Gefühl~~ • sich wohlfühlen

1. Sie hatte das *Gefühl*, dass das Kind den Ball nicht *m*____ *A*________ auf das Auto geschossen hat.
2. Ich *ä*________ *m*______, weil er mich angelogen hat.
3. Er ging nach Hause, weil er *s*______ nicht *w*______________.
4. Warum hat er denn heute so schlechte *L*_______?
5. Ich *h*_______ es, im Stau zu stehen.
6. Meine neue Arbeit macht mir große *F*________.
7. Er hat *b*_______________, sich eine neue Arbeitsstelle zu suchen.

sich fürchten • sich entschließen • freiwillig • enttäuscht sein • zufrieden sein mit • Hoffnung • sich freuen auf • sich freuen über • sich aufregen • aufgeregt

8. Er *f*_______ *s*______ schon sehr *a*____ die Geburtstagsparty.
9. Ich hoffe, sie hat *s*______ *ü*______ das Geschenk *gef*________.
10. Wegen der Absage auf meine Bewerbung *b*____ ich sehr *e*_______________.

    Ich habe mir *H*_______________ gemacht, die Stelle zu bekommen.
11. *M*____ dem Ergebnis der Prüfung *i*___ sie sehr *z*_____________.
12. Vor der Prüfung war ich sehr nervös und *a*_____________.
13. Mein kleiner Sohn *f*____________ *s*______, wenn es ein Gewitter gibt.
14. Er bekam einen Strafzettel und *r*_________ *s*_____ fürchterlich darüber *a*____.
15. Er hat *s*_____ *e*________________, *f*______________ die Klasse zu wiederholen.

Lernwörter

sich ärgern	sich freuen auf	sich freuen über	sich wohlfühlen
die Laune, -n	die Freude, -n	die Hoffnung, -en	enttäuscht sein
die Prüfung, -en	das Ergebnis, -se	zufrieden sein mit	mit Absicht
beschließen			

D. Körper und Gesundheit

D1 Der Körper

Wie heißen die Körperteile? Ergänzen Sie Nomen und Artikel.

Nase • Knie • Rücken • Ohr • Hand • ~~Kopf~~ • Brust • Bein • Auge • Mund • Arm • Bauch • Fuß • Zähne (Pl) • Hals • Zeh • Schulter • Haare (Pl)

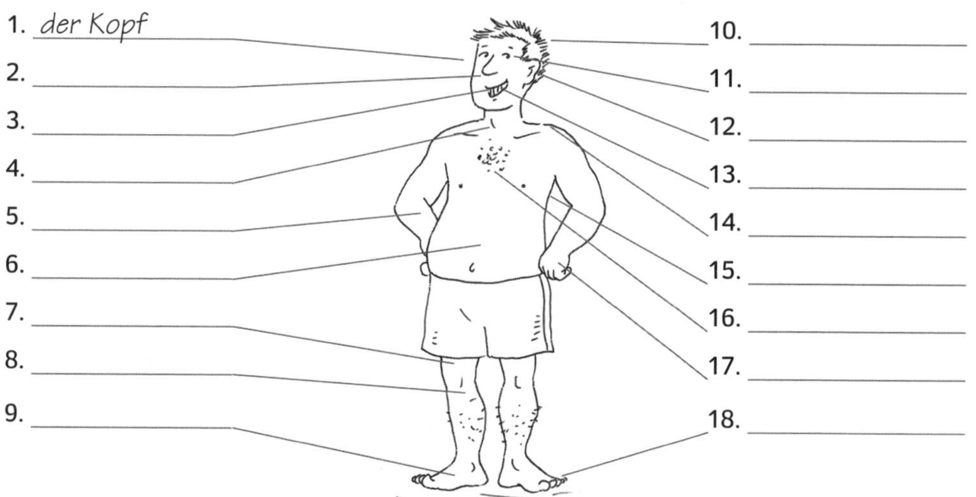

1. *der Kopf*
2. ______
3. ______
4. ______
5. ______
6. ______
7. ______
8. ______
9. ______
10. ______
11. ______
12. ______
13. ______
14. ______
15. ______
16. ______
17. ______
18. ______

D2 Ein Rätsel

Welche Verben gehören zu welchen Körperteilen?
Setzen Sie die Silben richtig zusammen.

nie • ken • spre • se • at • hö • hen • ein • schmin • föh • nen • men • men • ~~schla~~ • ren • sen • chen • ~~gen~~ • cre

1. das Herz *schlagen*
2. die Haut *e* ______
3. das Auge *s* ______
4. die Lunge *a* ______
5. das Gesicht *s* ______
6. die Haare (Pl) *f* ______
7. die Nase *n* ______
8. der Mund *s* ______
9. die Ohren *h* ______

Lernwörter

der Körper, -	der Hals, ¨-e	der Arm, -e	das Bein, -e
das Knie, -	die Brust, ¨-e	das Gesicht, -er	die Haut ¨-e
föhnen	niesen	atmen	eincremen
schminken			

D3 Organe I

Ergänzen Sie.

der Darm • das Herz • der Magen • die Lunge • die Leber

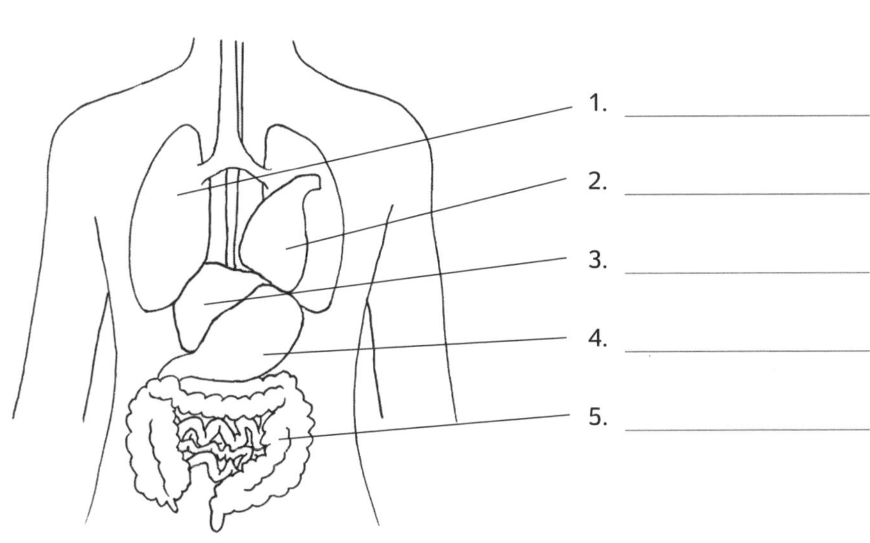

D4 Organe II

Welches Organ passt?

die Leber • der Darm • ~~das Herz~~ • der Magen • die Lunge

1. *Das Herz* ist das Organ im Innern der Brust, das das Blut durch die Adern pumpt.
2. ______ ist das lange Organ zwischen Magen und After, das der Verdauung dient.
3. ______ ist das Organ, das beim Atmen die Luft aufnimmt und wieder abgibt.
4. ______ ist das Organ, das das Blut von giftigen Substanzen reinigt.
5. ______ ist das Organ, in dem die Nahrung nach dem Essen bleibt, bis sie in den Darm kommt.

Lernwörter

das Organ, -e	der Magen, ¨	die Lunge, -n	die Leber, -n
die Haut, ¨e	der Darm, ¨e	das Blut (Sg)	

D5 Ralf wird krank

Ergänzen Sie. Achten Sie bei Verben auf die korrekte Form.

mal müssen • Zustand • träumen • aufgeregt • Ruhe • Klo • ~~schlafen gehen~~ • müde • durstig • schwitzen • einschlafen • Fieber • wohlfühlen • wach • krankmelden • Schlaf • ausruhen • aufwachen • Traum • Termin • Stress

- ● Ralf, es ist schon sehr spät. Du musst jetzt (1) *schlafen gehen*.
- ■ Mama, ich bin überhaupt noch nicht (2) *m*______. Kann ich nicht noch (3) *w*______ bleiben?
- ● Du schreibst doch morgen in der Schule einen Test? Du musst morgen früh (4) *a*__________ sein.
- ■ Ich kann nicht (5) *e*____________. Ich bin so (6) *a*__________, weil der Test so schwierig wird.
- ● Ralf, du brauchst deinen (7) *S*_______. Hör noch eine Geschichte, dann kommst du vielleicht eher zur (8) *R*_____.
- ■ Danke, Mama. Kann ich nochmal aufstehen und aufs (9) *K*____ gehen? Ich (10) *m*_____ *m*____.

…

- ● Guten Morgen Ralf. Hast du gut geschlafen?
- ■ Nein, ich habe schlecht (11) *g*__________. Deshalb bin ich schon um fünf Uhr (12) *a*____________.
- ● Um was ging es denn in deinem (13) *T*______?
- ■ Ich weiß es nicht mehr. Ich glaube, ich kann heute nicht in die Schule gehen. Ich (14) *f*______ mich nicht *w*______. Ich bin krank.
- ● Du hast zu viel (15) *St*______ in der Schule. Jetzt frühstücke erst einmal.
- ■ Ich bin aber nicht (16) *d*________ und hungrig. Kannst du bei Doktor Müller einen (17) *T*_______ ausmachen. Ich (18) *sch*________ und friere abwechselnd. Außerdem habe ich Kopfweh. Ich glaube, ich habe (19) *F*_______.
- ● Du bist ja ganz heiß. In diesem (20) *Z*________ kannst du nicht in die Schule gehen. Ich rufe in der Schule an, um dich (21) *k*______________. Später gehen wir zum Arzt.

D6 Behinderungen

Finden Sie die Wörter und ergänzen Sie.

mjcf~~sehbehindert~~lmnetaubionastummgfssblind

bxyqkörperbehindertpolpügehörloszw

1. Jemand, der sehr schlecht sehen kann, ist *sehbehindert*.
2. Jemand, der nicht hören kann, ist _______, man sagt aber besser _______________.
3. Jemand, der nicht sprechen kann, ist __________.
4. Jemand, der nicht sehen kann, ist _________.
5. Jemand, der im Rollstuhl sitzt, ist ____________________________.

D7 Vor der Reise

Finden Sie die Wortgrenzen und schreiben Sie die Sätze.

Familie Wagner möchte in Urlaub fahren und fährt zum Einkaufen in die Stadt.

1. *Frau Wagner möchte eine Bürste und Taschentücher kaufen.*

frauwagnermöchteeinebürsteundtaschentücherkaufen

2. ____

herrwagnerkaufteinenrasierapparateineneuezahnbürsteundzahnpasta

3. ____

lisabrauchteinenlippenstifteinenagelbürsteundeinenagelschere

4. ____

paulamussinderdrogeriebindentamponsundeinesonnencremekaufen

5. ____

davidwillsicheinenneuenföhnundkontaktlinsenbesorgen

D8 Hannah ist schwanger

Ergänzen Sie. Achten Sie bei Verben auf die korrekte Form.

erholen • Kraft • Kind erwarten • Müdigkeit • krankschreiben • zur Welt bringen • Schwangerschaft • kräftig • Geburt • Hebamme • ~~Pille~~

2008 setzte Hannah die (1) Pille ab und (2) e__________ bald darauf ihr erstes K_____. Ihr ging es in den ersten drei Monaten der (3) S__________ nicht gut. Sie litt unter Übelkeit und (4) M__________. Hannah ließ sich von ihrem Arzt (5) k__________ Im vierten Monat fühlte sich Hannah wieder (6) k__________ genug zum Arbeiten. Sie wurde in dieser Zeit von einer (7) H__________ betreut. Im Frühling (8) b__________ Hannah eine gesunde Tochter z_____ W_____. Die (9) G__________ verlief normal, dauerte aber zwölf Stunden. Das hat Hannah viel (10) K_____ gekostet. Sie (11) e__________ sich noch eine Woche im Krankenhaus. Dann durften Mutter und Kind nach Hause.

Lernwörter

hungrig	durstig	frieren	schwitzen
das Klo, -s	der Zustand, ¨-e	die Zahnbürste, -n	die Zahnpasta, -s
der Rasierapparat, -e	die Bürste, -n	die Nagelbürste, -n	die Nagelschere, -n
die Binde, -n	die Creme, -s	der Föhn, -s	sich wohlfühlen
der Stress (nur Sg)	erholen	einschlafen	träumen
wach	ausruhen	erholen	krankmelden
die Ruhe (nur Sg)	der Schlaf (nur Sg)	schwanger	die Kraft, ¨-e
ein Kind erwarten	krankschreiben	die Schwangerschaft, -en	kräftig
die Geburt, -en	blind	taub	stumm
körperbehindert	sehbehindert	gehörlos	

Lernwörter (zu D9)

das Quartal, -e	der Husten	die Infektion,- en	Beschwerden (nur Pl)
die Erkältung, -en	der Schmerz, -en	husten	die Praxis, Praxen (Pl)
das Rezept, -e	der Termin, -e	das Wartezimmer, -	die Tablette, -n
die Überweisung, -en	die Versicherungskarte, -n	die Sprechstunde, -n	das Antibiotikum, Antibiotika (Pl)

D9 In der Praxis

Ergänzen Sie. Achten Sie bei Verben auf die korrekte Form.

Quartal • Husten • Infektion • ~~Beschwerden~~ (Pl) • Erkältung • Schmerzen (Pl) • untersuchen • husten • Antibiotikum • Rezept • Termin • einschmieren • Überweisung • Tablette • Wartezimmer • Versicherungskarte • Sprechstunde • Vertretung • Praxis

- ● Guten Tag, Frau Schneider. Was haben Sie denn für (1) *Beschwerden*?
- ■ Guten Tag, Herr Doktor Steffens. Ich habe mir eine (2) *E*________ zugezogen. Ich habe Schnupfen und (3) *H*________. Außerdem habe ich Fieber, 39 Grad.
- ● Haben Sie auch (4) *Sch*________ im Hals?
- ■ Ja, außerdem tut meine Lunge weh, wenn ich (5) *h*________.
- ● Sie haben sich sehr wahrscheinlich eine bakterielle (6) *I*________ geholt. Ich verschreibe Ihnen ein (7) *A*________. Nehmen Sie fünf Tage lang eine (8) *T*________ vor den Mahlzeiten. Außerdem gebe ich Ihnen ein (9) *R*________ für Hustensaft und für eine Salbe. Mit der (10) *sch*________ Sie sich die Brust und den Rücken *e*____. Ich möchte Sie in einer Woche gerne nochmal (11) *u*________. Kommen Sie dann am Mittwoch in meine (12) *Sp*________.

- ▲ Guten Tag, ich brauche eine (13) *Ü*________ zum Internisten. Können Sie mir einen empfehlen?
- ○ Dr. Müller hat Urlaub. Seine (14) *V*________ macht Dr. Dix. Er hat seine (15) *P*________ hier gleich um die Ecke. Rufen Sie rechtzeitig an, wenn Sie einen Termin möchten.

- ▲ Schmid, guten Morgen. Ich habe einen (16) *T*________ um 11 Uhr.
- □ Guten Morgen, Frau Schmid, waren Sie in diesem (17) *Q*________ schon bei uns.
- ▲ Nein, noch nicht.
- □ Dann brauche ich Ihre (18) *V*________. Nehmen Sie bitte noch kurz im (19) *W*________ Platz.

D10 In der Klinik / Im Spital (A/CH)

Bringen Sie die Buchstaben in Klammern in die richtige Reihgenfolge.

1. Bei Glatteis haben die Ärzte auf der Unfallstation viel Arbeit: Viele (nettienPa) Patienten haben sich Arme oder Beine verstaucht oder (ochgebren) ________________.
2. Der (chsuBe) ___________ der Kranken ist in einer (ungteilAb) ______________ wie der Intensivstation nur zwei Stunden erlaubt.
3. Vor einer (tioeranOp) ________________ bekommen die Patienten oft eine (zeitSpr) ___________ mit einem Beruhigungsmittel.
4. Wenn der (stzialiSpe) _________________ den Patienten zum weiterbehandelnden Arzt schickt, schreibt er einen (chritBe) ____________, der das Untersuchungsergebnis enthält.
5. Die (gaAbenuf) ______________ eines Krankenhauses sind vielfältig: Leben retten, Krankheiten behandeln, Patienten (enpfleg) ____________.
6. Die meisten Patienten sind Mitglied in einer gesetzlichen (kensekasKran) ______________________.
7. Auf jeder Station gibt es einen Materialschrank, in dem z. B. (stlaerPf) _____________, Verbände und (alSben) ___________ zu finden sind.
8. Bei Allergien und Asthma verschreibt die HNO-Klinik oft ein (raSyp) _________.
9. Die (ndWue) _________ des Jungen, die stark (eteblut) ____________, wurde verbunden. Gegen die Schmerzen bekam er zusätzlich (enpfTro) ____________.
10. In der Zahnklinik tragen die Ärzte Handschuhe, um sich vor der (ensteAnckung) _______________________ zu (tzenschü) ______________.
11. Morgens bringt der Krankenwagen (A: die Rettung / CH: die Ambulanz) zwei Verletzte in die Klinik: Der Mann ist die Treppe (ürztruntergest) _________________________ und ist am Bein verletzt, die Frau hat sich am Gasherd den Arm (nntvraerb) ________________

Lernwörter

der Patient, -en	runterstürzen	schützen	die Tropfen (hier nur Pl)
die Wunde, -n	das Spray, -s	das Pflaster, -	die Krankenkasse, -n (A/CH: Krankenkassa, -kassen)
die Salbe, -n	pflegen	retten	die Aufgabe, -n
der Spezialist, -en	der Bericht, -e	die Spritze, -n	die Operation, -en
der Besuch, -e	gebrochen		

D11 Alkohol und Drogen

Ergänzen Sie. Achten Sie auf die korrekte Form.

Team • vermutlich • geschüttelt • täglich • ernst • ~~gefährlich~~ • töten • Bier • betrunken • kontrollieren • positiv • reduzieren • Autor • irgendwann • empfehlen • herausfinden

Bond wäre Alkoholiker

James Bond lebt (1) *gefährlich*. Sollte der Agent im Dienst der Majestät nicht (2) ________ Opfer eines Verbrechens werden, (3) ________ ihn sein extremer Alkoholkonsum!

Ein (4) ________ britischer Forscher hat alle Bond-Bücher des (5) ________ Ian Fleming gelesen und (6) ________, dass 007 im echten Leben Alkoholiker wäre, da er fast (7) ________ große Mengen Alkohol trinkt. In Liebesgrüße aus Moskau hat Bond eine Alkoholmenge, die zehn Litern (8) ________ entspricht, getrunken und war folglich nicht nur beschwipst, sondern stark alkoholisiert und (9) ________. (10) ________ trinkt 007 seinen Wodka-Martini (11) ________ und nicht gerührt, da er seine Muskeln alkoholbedingt nicht mehr (12) ________ kann.

Die Forscher (13) ________ Bond seinen Alkoholkonsum zu (14) ________. Sie wollen mit der nicht ganz (15) ________ gemeinten Studie darauf hinweisen, dass extremes Alkoholtrinken in Filmen oft zu (16) ________ dargestellt wird.

D12 Zigaretten und Tabak

Ergänzen Sie. Achten Sie auf die korrekte Form.

~~Zigarettenschachtel~~ • leicht • Tabak • Pfeife • Automat • ausmachen • Filter • Gesundheit • Feuerzeug • Zigarette

1. Wer mit dem Rauchen aufhört, sollte alles was an das Rauchen erinnert, wie *Zigarettenschachteln*, Aschenbecher und ________________ entsorgen.

2. ________ und Zigaretten werden im Supermarkt verschlossen aufbewahrt.

3. __________ Sie bitte die Zigarette _____. Hier ist Rauchen verboten!

4. Er raucht keine Zigaretten, aber _________ und sie raucht Zigaretten ohne _________.

5. Auch ___________ Zigaretten sind schädlich für die ________________.

6. Wir verkaufen keine ________________, aber am Eingang gibt es einen _______________.

Lernwörter

töten	gefährlich	irgendwann	herausfinden
betrunken	ernst	vermutlich	das Bier, -e
das Team, -s	der Autor, -en	schütteln	kontrollieren
empfehlen	reduzieren	die Zigarette, -n	die Pfeife, -n
der Tabak, -e	der Filter, -	die Schachtel, -	das Päckchen, -
das Feuerzeug, -e			

E. Wohnen und Hausarbeit

E1 Wohnformen

Wie wohnen die Studentin, die Rentnerin und die Familie? Ergänzen Sie.

Altersheim • in der Nähe • leisten • Erdgeschoss (A/CH: Parterre) • Eigentumswohnung • Hof • Spielplatz • Appartement • ausziehen • Lage • entstehen • Einfamilienhaus • Studentenwohnheim • ~~wohnen bei~~ • Semester • Wohngemeinschaft • Stock (CH: Etage) • allerdings • vergrößern • vermieten • umziehen (A: übersiedeln) • Mieter • Hochhaus • Tiefgarage • Kellerabteil

Ich (1) *wohne* noch *bei* meinen Eltern, weil ich im (2) *St*________ kein Zimmer bekommen habe. Ich würde gerne von zu Hause (3) *a*________ und in einem (4) *A*________ wohnen. Das kann ich mir aber leider nicht (5) *l*________. Nächstes (6) *S*________ ziehe ich in eine (7) *W*________.

Als die Kinder ausgezogen sind, war uns unser (8) *E*________ viel zu groß. Wir haben dann das (9) *E*________ (10) *v*________ und den ersten (11) *St*________ so umgebaut, dass dort eine abgetrennte Wohnung (12) *e*________ ist. Die (13) *v*________ wir jetzt. Es ist (14) *a*________ nicht einfach, passende (15) *M*________ zu finden. Ich hoffe, dass ich noch lange hier wohnen kann und nie in ein (16) *A*________ (17) *u*________ muss.

Wir wohnen in einer 4-Zimmer-Wohnung. Die Wohnung ist eine (18) *E*________ in einem (19) *H*________. Die (20) *L*________ ist super. Wir haben die U-Bahn ganz (21) *i*____ *d*____ *N*____. Uns gefällt, dass die Kinder im (22) *H*________ spielen können. Der (23) *Sp*________ eignet sich allerdings leider nur für kleinere Kinder. Zur Wohnung gehören auch ein (24) *K*________ und ein Stellplatz in der (25) *T*________.

Lernwörter

das Appartement, -s	das Erdgeschoss, -e	der Hof, ¨-e	der Stock (Sg)
umziehen	sich etwas leisten	entstehen	das Semester, -
die Lage, -n	der Mieter, -	vermieten	(ab-)getrennt
sich eignen	das (Keller-)Abteil, -e	allerdings	in der Nähe

E2 Eine Zweitwohnung in Berlin

Finden Sie die Wortgrenzen und schreiben Sie Sätze.

1. *Herr Braun besitzt eine Zweitwohnung in Berlin.*

herrbraunbesitzteinezweitwohnunginberlin

2. ______________________________

indennebenkostensindheizungwasserundhausmeisterkostenenthalten

3. ______________________________

denmietvertragmüssenmieterundvermieterunterschreiben

4. ______________________________

inunseremwohnblockwohnenvielefamilienmitkindern

5. ______________________________

siehateinzimmerzuruntermietebeieineraltendame

E3 Miete – mieten

Wie heißen die Verben?

1. die Kündigung: einen Vertrag *kündigen*
2. die Miete: eine Wohnung ________
3. der Umzug: in eine andere Stadt ________
   (A: die Übersiedlung: ________)
4. der Einzug: in eine neue Wohnung ________
5. die Lage: Die Wohnung ________ in der 3. Etage (D/CH: im 3. Stock).

Lernwörter

der Wohnblock, ¨-e	der Vermieter, -in	enthalten	besitzen
der Hausmeister, -	der Umzug, ¨-e	umziehen	kündigen

E4 Ich suche eine Wohnung

Ergänzen Sie. Achten Sie auf die korrekte Form.

MÜNCHEN SCHWABING
2 ZKB, 49,5 m², 3. OG, EBK,
Park., ab sof. v. priv. zu verm.,
799,- + NK/KT

besichtigen • üblich • Toilette • Nebenkosten • Kaution • ~~Anzeige~~ (CH: Annonce) • zeigen • Wohnung • Ecke • Lift • Nebenstraße • ruhig • liegen • genau

- ● Guten Abend, mein Name ist Annette Bauer. Ich rufe wegen der (1) *Anzeige* in der Süddeutschen Zeitung an. Ist die (2) ____________ noch frei?
- ■ Ja, die ist noch zu haben.
- ● Wo in Schwabing liegt die Wohnung (3) ________?
- ■ Die Wohnung ist in der Agnesstraße 6, (4) ______ Zentnerstraße.
- ● Ist die Lage (5) ________?
- ■ Ja, sehr ruhig. Beide Straßen sind (6) ____________________.
- ● Gibt es in dem Haus einen (7) ______?
- ■ Nein, leider nicht. Es ist eine Altbauwohnung ohne Aufzug.
- ● Hat die Wohnung eine separate (8) ____________?
- ■ Nein, das WC ist mit im Badezimmer.
- ● Wie hoch ist die (9) ___________?
- ■ Die (10) _____________ drei Monatsmieten.
- ● Wie hoch sind die (11) ___________________?
- ■ Die (12) _________ zurzeit bei 150 Euro monatlich.
- ● Könnte ich die Wohnung (13) _________________?
- ■ Ja, am Samstagmorgen ab 9 Uhr könnte ich Ihnen die Wohnung (14) _________.

Lernwörter

üblich	die Nebenstraße, -n	die Lage, -n	die Anzeige, -n
besichtigen	genau	die Kaution, -en	Nebenkosten (Pl)

Nomen mit dazugehörigen Verben lernen
Zu bestimmten Nomen passen bestimmte Verben:
eine Wohnung ***besichtigen****, eine Wohnung* ***mieten****, einen Vertrag* ***kündigen*** *...*
Lernen Sie Nomen möglichst mit den passenden Verbindungen. Lernen Sie mit Karteikarten? Dann können Sie solche Verbindungen auf Ihren Karteikarten notieren.

E5 Das Zimmer ist möbliert

Wie heißt das Gegenteil? Ergänzen Sie.

wunderschön • dunkel • abschließen • praktisch • unbequem • inklusive • ~~unmöbliert~~ • modern • gemütlich • funktioniert • inbegriffen • dreckig

1. Das Zimmer ist *möbliert.* ⟷ Das Zimmer ist *unmöbliert*.
2. Die Nebenkosten sind *exklusive.* ⟷ Die Nebenkosten sind ______________.
3. Das Sofa ist *bequem.* ⟷ Das Sofa ist ______________.
4. Die Wohnung ist *ungemütlich.* ⟷ Die Wohnung ist ______________.
5. Er muss die Hintertür *aufschließen.* ⟷ Er muss die Hintertür ______________.
6. Das Treppenhaus ist *sauber.* ⟷ Das Treppenhaus ist ______________.
7. Die Aussicht ist *schrecklich.* ⟷ Die Aussicht ist ______________.
8. Die Rollläden sind *unpraktisch.* ⟷ Die Rollläden sind ______________.
9. Die Wohnung ist *hell.* ⟷ Die Wohnung ist ______________.
10. Dieser Schalter ist *defekt.* ⟷ Dieser Schalter ______________.
11. Sie hat die Wohnung ist *altmodisch* eingerichtet. ⟷ Sie hat die Wohnung ______________ eingerichtet.
12. Die Endreinigung muss *zusätzlich* bezahlt werden. ⟷ Die Endreinigung ist im Preis ______________.

Lernwörter

möbliert	inklusive	die Hintertür, -e	das Treppenhaus, ¨-er
der Hof, ¨-e	die Aussicht, -en	praktisch	modern
der Schalter, -	abschließen	einrichten	

E6 Unser Haus: Erdgeschoss

Ergänzen Sie. Achten Sie auf die richtige Form.

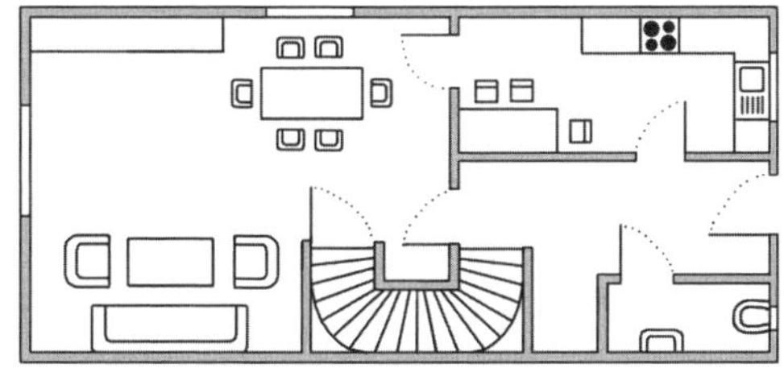

Erdgeschoss (A/CH: Parterre) • Plan • Wohnfläche • Eingang • Küche • Gästetoilette • Flur (CH: Korridor) • Baugenehmigung • Architekt • ~~Grundstück~~ • offen • Wohnbereich • Baufirma • Esstisch • aufräumen • riechen • zwar

- Habt ihr schon ein (1) *Grundstück* für euer Haus gefunden?
- Ja, wir haben auch schon die (2) B__________ und unsere (3) B__________ hat noch vor dem Winter den Rohbau gemacht. Komm, ich zeig dir die (4) P__________ von unserem (5) A__________.
- Oh, da bin ich aber neugierig. Wie groß ist denn die (6) W__________?
- 148 Quadratmeter. Schau, das ist der Plan vom (7) E__________. Hier ist der (8) E__________. Rechts ist die Küche, links die (9) G__________. Durch den (10) F__________ kommt man ins Wohnzimmer. Direkt vor der (11) K__________ steht dann unser Esstisch.
- Die Küche ist schön groß. Da ist Platz für einen kleinen (12) E__________. Du hast auch eine Tür zum (13) W__________.
- Ja, das ist mir wichtig. (14) o__________ Küchen sind (15) z__________ modern, aber ich mag das nicht. Es (16) r__________ dann doch alles nach Essen, wenn man kocht. Und ich möchte nicht immer gleich die Küche (17) a__________.

Lernwörter

der Eingang, ¨-e	der Plan, ¨-e	die (Bau-)Genehmigung, -en	das Grundstück, ¨-e
der Architekt, -en	der Flur, -e	das Erdgeschoss, -e	zwar
der (Wohn-)Bereich, -e	aufräumen	die Wohnfläche, -n	riechen

E7 Unser Haus: Obergeschoss, Dachgeschoss und Keller

Ergänzen Sie. Achten Sie auf die richtige Form.

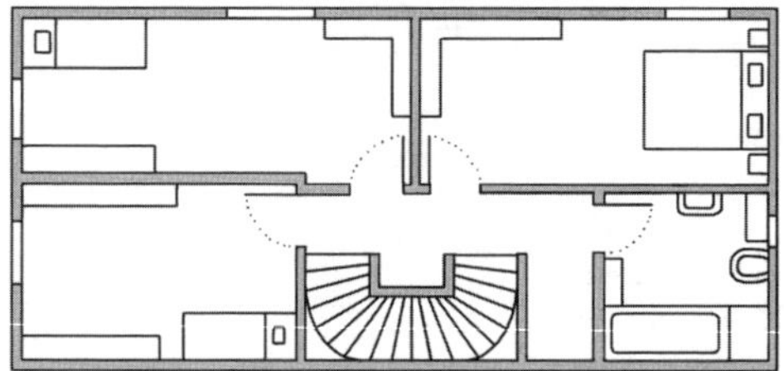

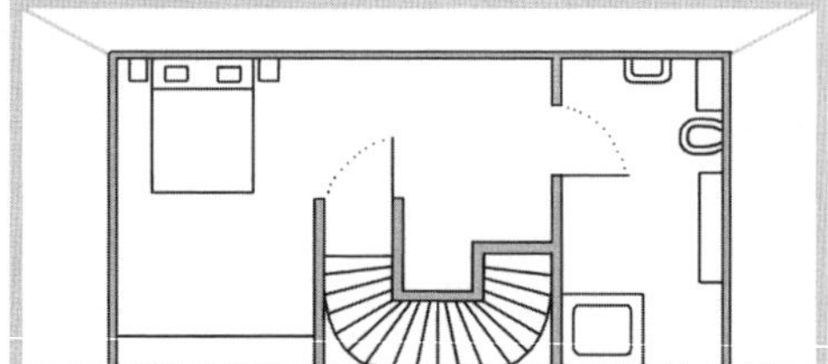

Keller • ~~Obergeschoss~~ • Dachgeschoss • Badezimmer • Kinderzimmer • Schlafzimmer • Gästezimmer • Fenster • Badewanne • Dusche • Raum • planen • einrichten • erkennen • entscheiden • Handwerker • Elektriker

■ Und das ist der Plan des (1) *Obergeschosses*. Da sind dann unser (2) *Sch*________ und zwei (3) *K*________. Das (4) *B*________ ist neben unserem Schlafzimmer. Wir haben darin eine Dusche und eine (5) *B*________ geplant.

● Wer kriegt das größere Zimmer mit den zwei (6) *F*________, Simon oder David?

■ Das haben wir noch nicht (7) *e*________. Und so sieht das (8) *D*________ aus. Das wird unser (9) *G*________. In dem Bad gibt es allerdings keine Wanne, nur eine (10) *D*________.

● Habt ihr einen (11) *K*________?

■ Ja, mit drei getrennten (12) *R*________.

● Glückwunsch. Das wird ein schönes Haus. Man (13) *e*________ auf den Plänen gut, wie ihr das Haus (14) *e*________ werdet. Hattet ihr bis jetzt Probleme mit den (15) *H*________?

■ Kaum, nur mit dem (16) *E*________. Der hat die Steckdosen nicht alle so gesetzt wie (17) *g*________.

Lernwörter

(sich) entscheiden	die Wasserleitung, -en	das Treppenhaus, ¨-er	der Schlafraum, ¨-e
die Badewanne, -n	der Handwerker, -	einrichten	die Steckdose, -n
der Elektriker, -	planen		

E8 Möbel und Einrichtungsgegenstände

Ordnen Sie zu.

der Sessel (A/CH: der Fauteuil) • der Stuhl (A: der Sessel) • der Tisch • ~~der Schreibtisch~~ (CH: das Pult) • der Schreibtischstuhl • der Schrank (A/CH: der Kasten) • das Sofa / die Couch • die Lampe • das Bett • das Kissen (A: der Polster) • der Teppich • der Hocker • das Regal • das Bild • die Garderobe • das Fenster • der Vorhang • die Bank • die Vase • der Spiegel

1. *der Schreibtisch*
2. ______
3. ______
4. ______
5. ______
6. ______
7. ______
8. ______
9. ______
10. ______
11. ______
12. ______
13. ______
14. ______
15. ______
16. ______
17. ______
18. ______
19. ______
20. ______

Lernwörter

der Hocker, - der Schreibtisch, -e der Vorhang, ¨-e die Garderobe, -n

E9 Die Küche

Ordnen Sie zu.

der Backofen • der Elektroherd • die Spüle (A: der Abwasch) • die Spülmaschine • die Uhr • die Kaffeemaschine • ~~die Mikrowelle~~ • der Kühlschrank • das Geschirr • der Wasserhahn

1. *die Mikrowelle*
2. ______________________
3. ______________________
4. ______________________
5. ______________________
6. ______________________
7. ______________________
8. ______________________
9. ______________________
10. ______________________

E10 Das Bad

Ordnen Sie zu.

die Toilette / das Klo • der Spiegel • das Waschbecken (CH: das Lavabo) • die Badewanne • ~~die Dusche~~ • das Handtuch • das Toilettenpapier • die Zahnbürste • die Badeente

1. *die Dusche*
2. ______
3. ______
4. ______
5. ______
6. ______
7. ______
8. ______
9. ______

Lernwörter

die Mikrowelle, -n
die Kaffeemaschine, -n
der Elektroherd, -e
die Spüle, -n
das Geschirr (Sg)
die Zahnbürste, -n
die Badewanne, -n

E11 Wasser, Heizung, Elektrizität

Ergänzen Sie. Achten Sie auf die richtige Form.

elektrisch • brennen • Kabel • Stecker • Kohle • Ofen • Strom • Holz • Gas • Öl • Glühbirne • Steckdose • ~~Wasserleitung~~ • Trinkwasser • Stromleitung • Zentralheizung • Elektrogerät

1. Bei uns kommt aus der *Wasserleitung* gutes *T*________.
2. Wie heizen unser Haus nicht mit *Ö*___, sondern mit *G*___.
3. In der Skihütte gibt es nur einen *O*____, den man mit *H*____ heizen muss.
4. Unsere Großeltern hatten keine *Z*________. Sie haben noch mit *K*____ geheizt.
5. Bei den Nebenkosten ist *St*____ nicht dabei, den muss man extra bezahlen.
6. Diese runden *St*_____ passen in England nicht in die *St*______.
7. In dem alten Haus muss man die *St*________ erneuern.
8. Das *K*____ ist zu kurz, hast du ein Verlängerungskabel?
9. Sie hat viele überflüssige *E*________, z. B. eine *e*_______ Saftpresse.
10. Die Lampe *b*_____ nicht. Wechselst du bitte die *G*_______ aus.

E12 Elektrogeräte bedienen

Was passt nicht? Kreuzen Sie an.

1. Es ist dunkel, kannst du bitte das Licht ...
   ☐ einschalten (A: aufdrehen, CH: anzünden). ☐ anmachen. ☒ brennen.
2. Komm, wir gehen. Kannst du bitte noch das Licht ...
   ☐ ausschalten (A: abdrehen, CH: ablöschen). ☐ heizen. ☐ ausmachen.
3. Der Stecker passt nicht. Ich kann ihn nicht ...
   ☐ drücken. ☐ (r)einstecken. ☐ ausstecken.
4. Kannst du bitte den Schalter ...
   ☐ ausschalten. ☐ drücken. ☐ einstecken.

Lernwörter

die Kohle, -n	der Stecker, -	der Ofen, Öfen	die Wasserleitung, -en
die Glühbirne, -n	das Elektrogerät, -e	das Kabel, -	die Steckdose, -n
einschalten	ausschalten	(r)einstecken	ausstecken

E13 Arbeiten im Haushalt

Ergänzen Sie.

~~staubsaugen~~ • fegen (A: kehren) • Wäsche aufhängen • braten • backen • Fenster putzen • spülen • abtrocknen • bügeln • aufräumen • Betten machen • Boden wischen

1. *staubsaugen*

2. ______

3. ______

4. ______

5. ______

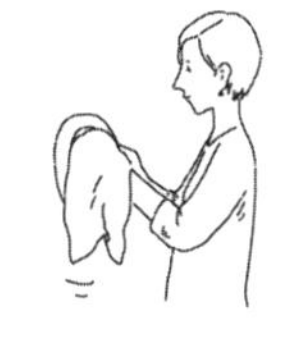

6. ______

7. ______

8. ______

9. ______

10. ______

11. ______

12. ______

Lernwörter

aufräumen	braten	backen	staubsaugen
die Wäsche (Sg)	aufhängen		

E14 Wohin mit dem Müll?

Ergänzen Sie.

Metall • Mülltonnen • Kompost • Abfall • Kunststoff • trennen • ~~Müll~~ • Papier • Glas

Alle Münchner Bürgerinnen und Bürger sind verpflichtet, ihren (1) *Müll* sorgfältig zu (2) ____________. Um das Trennen zu erleichtern, stehen jedem Haushalt die folgenden drei Arten von (3) ________________ zur Verfügung:

- die blaue Papiertonne für (4) __________ und Pappe
- die braune Biotonne für (5) ____________ (Küchen- und Gartenabfälle)
- die schwarze Restmülltonne für nicht verwertbaren (6) __________.

Abfälle aus (7) ________________, (8) _______ und (9) __________ wirft man in spezielle Recycling-Container an öffentlichen Plätzen.

E15 Die Kunst der Mülltrennung

Ergänzen Sie. Achten Sie auf die richtige Form.

Gartenabfälle • wegwerfen • entsorgen • Mülleimer (A: Mistkübel) • ~~schmeißen~~ • Witz • ordentlich • Mülltonne • Essensreste

● Halt, (1) *schmeiß* doch die Shampooflasche nicht in den (2) ______________.

Plastikflaschen (3) ______________ ich immer im Wertstoffcontainer für Kunststoff,

sonst ist die (4) ______________ immer gleich voll.

○ Du bist aber sehr (5) ______________ mit deinem Müll!

● Mach keine (6) ________, da versteh ich keinen Spaß. ... Stopp, gekochte

(7) ______________ kommen nicht in die Biotonne. Da kommen nur ungekochte

Gemüse- und Obstreste und unsere (8) ______________ rein.

○ Also, bei dir (9) ________ ich nichts mehr _____ ...

Lernwörter

der Müll (Sg)
entsorgen
der (Essens-)Rest, -e
die Mülltonne, -n
wegwerfen
Kunststoff
der (Müll/Abfall-)Eimer, -
ordentlich
trennen
der Witz, -e

F. Natur, Wetter und Jahreszeiten

F1 Wohnen auf dem Land

Ergänzen Sie. Achten Sie auf die korrekte Form.

umziehen • ~~Gegend~~ • dort • in der Nähe von • Wiese • Bauernhof • Zentrum • Ort • Bach • Stadtrand • Umgebung • auf dem Land • sich wohlfühlen • Fabrik • Industrie

- Wohnt ihr immer noch in der (1) *Gegend* vom Englischen Garten?
- Nein, wir sind in einen kleinen (2) ______ am (3) ________________ von München (4) ________________, nach Unterhaching. Wir haben im (5) _____________ keine Wohnung mit Garten gefunden haben.
- Ist dort nicht die (6) ___________ von Develey?
- Ja, die ist (7) _______. Südöstlich von München gibt es viel (8) ________________. Und wo wohnt ihr jetzt?
- Wir wohnen seit letztem Jahr (9) ______ ______ _______, in Grafing. Das ist eine kleine Stadt (10) ___ _____ _______ _____ München. Stell dir vor, durch unseren Garten fließt sogar ein kleiner (11) _______. In der (12) ________________ gibt es (13) __________________ und viele Felder und (14) ___________. Wir (15) __________ _____ dort sehr _______.

Lernwörter

die Fabrik, -en	die Industrie, -en	die Umgebung, -en	die Gegend, -en
der Bauernhof, ⸚e	der Bach, ⸚e	in der Nähe von	die Wiese, -n
umziehen	sich wohlfühlen	der (Stadt-)Rand, ⸚er	

F2 Himmelsrichtungen

Ergänzen Sie.

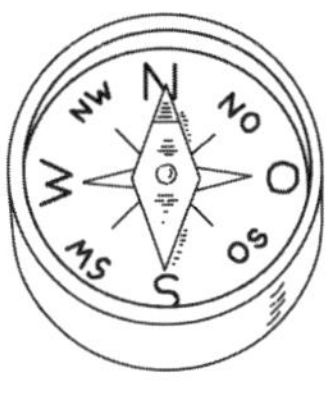

im Norden • im Süden • ~~im Osten~~ • im Westen

Die Sonne geht im (1) *im Osten* auf. (2) ___ ________ nimmt sie ihren Lauf.

(3) ___ ________ wird sie untergehen. (4) ___ ________ ist sie nie zu sehn.

F3 Rhein und Ruhr

Ergänzen Sie die fehlenden Vokale.

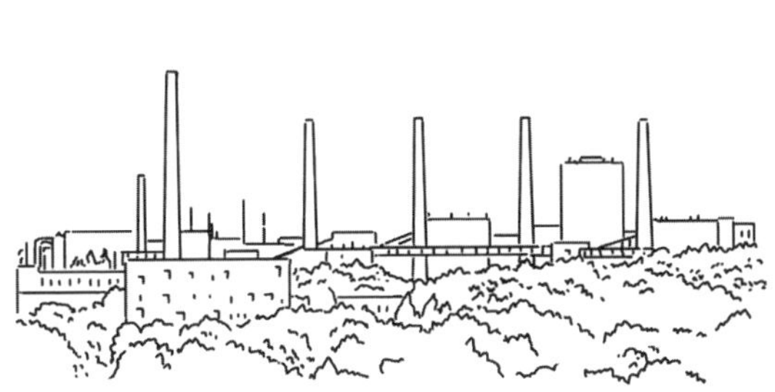

Im Ruhrgebiet gibt es viel (1) *Industrie*. Die (2) L__ndsch__ft ist meistens flach, es gibt keine hohen (3) B__rg__. Früher wurde dort (4) K__hl__ gefördert und Stahl hergestellt und die (5) L__ft war dreckig. Heute ist die Luft sauber und es gibt keinen (6) Sm__g mehr.

Der Rhein ist der größte (7) Fl__ss Deutschlands. An seinem (8) __f__r gibt es einen berühmten Felsen. In einer Sage wird erzählt, dass darauf eine schöne junge Frau saß, die Loreley, und ihre langen (9) bl__nd__n Haare (10) k__mmt__ und sang. Darum schauten die Schiffer nach oben und nicht auf den Fluss und viele Schiffe (11) s__nk__n deshalb an dieser (12) St__ll__.

Lernwörter

im Norden (von)	im Süden (von)	im Osten (von)	im Westen (von)
die Landschaft, -en	die Stelle, -n	das Ufer, -	kämmen
blond	die Kohle, -n	die Industrie, -n	sinken

F4 Wir fahren ans Meer

Ergänzen Sie.

Praktikum • Organisation • ~~Urlaub machen~~ • wandern • schützen • Insel • Strand • Nationalpark • Küste • Meer • Nordsee

■ Wo (1) *macht* Ihr dieses Jahr (A: heuer) *Urlaub*?

● Wir wollen ans (2) *M*_____ und fahren nach Korsika. Die (3) *I*_____ ist sehr schön, an der (4) *K*_____ gibt es viele Strände zum Baden. Und Ihr?

■ Wir fahren an die (5) *N*_____, auf die Insel Amrum. Wir (6) *w*_____ dort gerne am (7) *S*_____. Mein Sohn macht dort dieses Jahr (A: heuer) ein (8) *P*_____ bei einer (9) *O*_____, die den (10) *N*_____ Wattenmeer (11) *sch*_____.

F5 Ein Baum

Ordnen Sie zu.

der Zweig • der Ast • die Wurzel • das Gras • ~~der Stamm~~ • das Nest

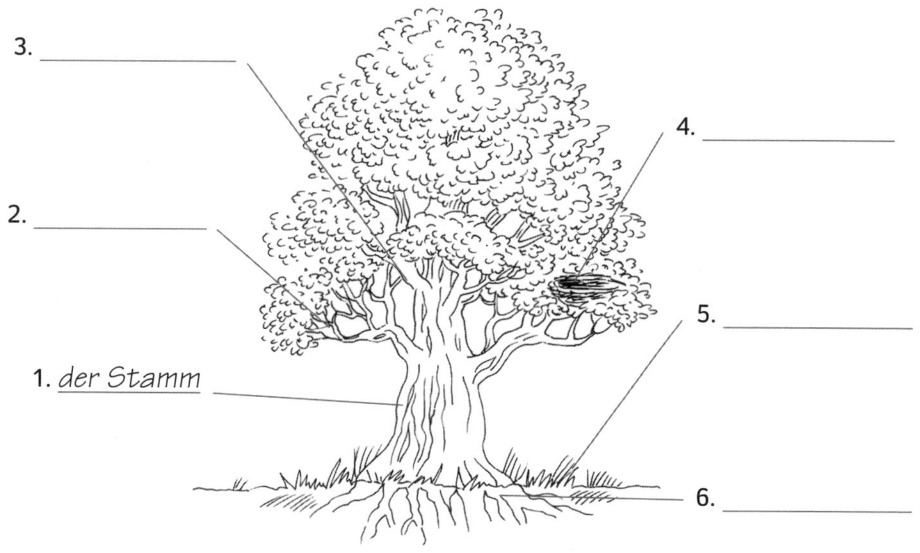

Lernwörter

Urlaub machen
wandern
schützen
die Organisation, en
das Gras, ¨er
der Nationalpark, -s
das Praktikum (Pl. Praktika)

F6 Rasen, Blumen, Büsche und Sträucher

Welches Wort oder welche Wörter passen nicht?

1. Den Rasen kann man: gießen – ~~wachsen~~ – ~~pflücken~~ – säen
2. Einen Blumenstrauß kann man: pflücken – verschenken – binden – wachsen – in die Vase stellen – abschneiden
3. Büsche und Sträucher kann man: pflücken – pflanzen – setzen – gießen
4. Eine Blüte kann: wachsen – blühen – abfallen – pflücken
5. Eine Blume kann man: setzen – pflanzen – pflücken – blühen

F7 Tiere fressen ...

Hier stimmt doch was nicht! Streichen Sie den Fehler durch.

1. Hühner, Gänse, ~~Hasen~~, Enten, Puten und Truthähne sind Geflügel.
2. Vögel haben Beine, Flügel, Federn und Flossen.
3. Im Münchner Tierpark darf man Ziegen streicheln, füttern und beißen.
4. Mein Kollege fischt Forellen mit Fliegen und Bienen.

5. Mücken können fliegen, schwimmen und stechen.
6. Im Zoo kann man Fische angeln und anschauen.
7. Als Haustiere hat sie Mäuse und Insekten in einem Käfig.
8. Kühe, Schafe, Hühner und Ziegen geben Milch.
9. Rinder, Schafe, Krokodile und Pferde fressen Gras.
10. Hunde, Katzen und Schlangen fressen Mäuse.

Lernwörter

der Rasen, -	das Gras, ¨er	die Blüte, -n	gießen
(ver-)schenken	wachsen	blühen	abschneiden
binden	das Geflügel (Pl)	die Ente, -n	die Mücke, -n
fressen	der Tierpark, -s	der Zoo, -s	das Schaf, -e
die Kuh, ¨e	das Rind, -er	die Fliege, -n	die Biene, -n
das Insekt, -en	die Maus, ¨e	beißen	füttern
fressen	anschauen		

F8 Tiere und Tierkinder

Ergänzen Sie.

das Küken • das Schwein • ~~der Hahn~~ • die Kuh • das Pferd • die Henne • das Ferkel • der Stier • das Schaf • das Fohlen • das Lamm • der Maulwurf • die Maus • das Kalb • der Stall

1. *der Hahn*
2. ______
3. ______
4. ______
5. ______
6. ______
7. ______
8. ______
9. ______
10. ______
11. ______
12. ______
13. ______
14. ______
15. ______

Lernwörter

der Stall, ¨-e
das Pferd, -e
das Schwein, -e
die Kuh, ¨-e
das Schaf, -e
das Rind, -er

F9 Tiere im Zoo

Ergänzen Sie.

der Affe • die Schildkröte • ~~die Giraffe~~ • der Bär • der Pinguin • das Krokodil • der Löwe • der Elefant • die Schlange

1. *die Giraffe*
2. ____________
3. ____________
4. ____________
5. ____________
6. ____________
7. ____________
8. ____________
9. ____________

F10 Tier-Quiz

1. Warum machen Spinnen Netze?

a) um Fische zu fangen
b) um Insekten zu fangen
c) um Blätter zu fangen

2. Welcher Vogel bringt in Deutschland angeblich die Babys?

a) der Papagei
b) der Storch
c) der Adler

3. Wie verständigen sich Bienen?

a) sie summen
b) sie tanzen
c) sie singen

4. Warum fliegen manche Vögel bei schlechtem Wetter tief?

a) damit sie besser sehen
b) weil Insekten bei schlechtem Wetter tief fliegen
c) weil es am Boden wärmer ist

F11 Die Wetterkarte

Ordnen Sie zu.

~~sonnig / heiter~~ • Gewitter • Regen • Regenschauer • Schnee • Schneeregen • Nebel • bewölkt

1. *sonnig / heiter* 
2. ____________ 
3. ____________ 
4. ____________ 
5. ____________ 
6. ____________ 
7. ____________ 
8. ____________ 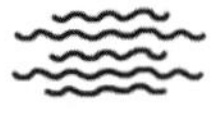

Lernwörter

der Affe, -n
das Krokodil, -e
die Schlange, -n
der Nebel, -
der Bär, -en
der Löwe, -n
bewölkt
das Insekt, -en
der Elefant, -en
der Pinguin, -e
sonnig
die Giraffe, -n
die Schildkröte, -n
das Gewitter, -

F12 Jahreszeiten in Deutschland

Ergänzen Sie. Achten Sie auf die korrekte Form.

~~Jahreszeit~~ • Rasen • frisch • sonnig • blühen • besonders • ausmachen • riechen • kühl

Jede (1) *Jahreszeit* ist anders. Im Frühling ist es morgens meist noch (2) f______ und die Luft ist (3) k______. Am Nachmittag wird es dann (4) s______ und warm. Der (5) R______ in meinem Garten wird wieder grün und die Frühlingsblumen (6) b______. Ich mag (7) b______ die Krokusse, die Tulpen und die Narzissen. Der Regen im Frühling (8) m______ mir nichts ______, weil es danach so gut (9) r______.

Gewitter • Bauer • Sonne • wachsen • Wiese • Gras • Sommer • vorkommen • Grad • Schwimmbad • Hitze • Schatten

Im (10) S______ sind die Temperaturen meistens hoch. Das (11) G______ (12) ______ schon sehr hoch gew______ und auf dem Land sieht man die (13) B______ ihre (14) W______ mähen. Man kann nach der Arbeit ins (15) Sch______ gehen oder an einen See fahren und sich in die (16) S______ legen. Wenn es sehr heiß ist und es schon morgens eine (17) H______ mit mehr als 30 (18) G______ im (19) Sch______ gibt, haben manche Schüler hitzefrei. Das (20) k______ aber nicht oft ______. Wenn es sehr heiß ist, gibt es auch manchmal (21) G______.

Lernwörter

die Jahreszeit, -en	frisch	kühl	sonnig
blühen	vorkommen	die Wiese, -n	das Gras, ¨-er
wachsen	der Bauer, -n	das Schwimmbad, ¨-er	die Temperatur, -en
die Hitze, -n	das Grad -e,	der Schatten, -	der Gewitter, -
riechen			

allerdings • Blatt • Pilz (A: Schwammerl) • Nebel • früh • Temperatur • Spaziergang • angenehm • sinken • regnen • gefrieren • blasen

Im Herbst gibt es morgens oft (22) N________. Am Nachmittag können die (23) T________ sehr (24) a________ steigen. (25) A________ kann es auch mal tagelang (26) r________ und der Wind kann stürmisch (27) b________. Am Abend wird es immer (28) f________ dunkel und die Temperaturen (29) s________. Nachts kann es manchmal schon (30) g________. Im Herbst mache ich gerne (31) S________ im Wald, weil die (32) B________ dann so schön bunt sind und weil ich gerne (33) P________ sammle.

Stadion • schneien • See • Schnee • Tag • Glatteis • Stau • frieren • Nacht • nass • Kamin • gefährlich • glatt

Im Winter sind die (34) T________ kurz und die (35) N________ lang. An Tagen, an denen es nur (36) n________, kalt und grau ist, mag ich den Winter nicht. Wenn es aber (37) sch________, viel (38) Sch________ liegt, die Sonne scheint und ich Schlitten und Ski fahren kann, dann liebe ich den Winter. Auch auf das Schlittschuhlaufen im (39) Eis-St________ oder auf einem (40) S________ freue ich mich. Wenn ich im Haus (41) f________, mache ich mir ein Feuer im (42) K________, das finde ich gemütlich. Was ich im Winter nicht mag ist (43) G________. Ich finde es dann zu (44) g________, mit dem Fahrrad zur Arbeit zu fahren. Ich nehme das Auto, wenn es (45) g________ ist, aber dann stehe ich leider fast immer im (46) St________

Lernwörter

der Kamin, -e	angenehm	der Nebel, -	die Temperatur, -en
steigen	sinken	frieren	blasen
schneien	der Stau, -s	der Spaziergang, ¨-e	allerdings
das Stadion, Stadien	gefährlich	der Pilz, -e (A: das Schwammerl, -)	

amazon.de

D57L8cfvb/-5 of 5-/std-de-us/6177042 C4

Lieferschein für

Ihre Bestellung vom 8. Januar 2017
Bestellnr. 305-2445002-2484300

Lieferscheinnr. D57L8cfvb
Versanddatum 11. Januar 2017

Menge	Artikel	Fach
1	**Lesen & Schreiben B1: Buch** Okładka miękka. Billina, Anneli. 319547493X : 319547493X; 9783195474931	
1	**Hören & Sprechen B1: Buch mit 2 Audio-CDs** Okładka miękka. Billina, Anneli. 319617493X : 319617493X; 9783196174939	
1	**Lektüreschlüssel zu Martin Walser: Ein fliehendes Pferd (Reclams Universal-Bibliothek)** Oprawa broszurowa. Kutzmutz, Olaf. 3150153735 : 3150153735; 9783150153734	
1	**Schreiben und Leben: Tagebücher 1979 - 1981 (Martin Walser: Tagebücher, Band 4)** Okładka miękka. Walser, Martin. 3499269511 : 3499269511; 9783499269516	
1	**Wortschatz & Grammatik B1: Buch** Okładka miękka. Billina, Anneli. 3194174932 : 3194174932; 9783194174931	

Diese Sendung enthält nicht alle Teile Ihrer Bestellung, weitere Artikel erhalten Sie in einer separaten Sendung. Es werden keine gesonderten Versandkosten dafür berechnet.

Wie haben wir Ihre Artikel verpackt? Hier können Sie uns Feedback geben: www.amazon.de/verpackung

Wenn Sie mehr zu Ihren Bestellungen wissen möchten, gehen Sie bitte auf "Mein Konto" (http://www.amazon.de/mein-konto). Den Link finden Sie rechts oben auf unserer Website. Unter "Mein Konto" können Sie Ihre E-Mail-Adresse oder Ihre Zahlungseinstellungen ändern. Dort ist es auch möglich, sich für Amazon.de-Nachrichten anzumelden oder diese abzubestellen - und vieles mehr, rund um die Uhr!

Rückgabe leicht gemacht:

Unser Rücksendezentrum (www.amazon.de/ruecksendezentrum) stellt Ihnen ein personalisiertes Rücksendeetikett zum Ausdrucken bereit, wenn Sie Ware (einschließlich Geschenke) zurückgeben möchten. Bitte beachten Sie, dass wir eingeschweißte oder versiegelte Datenträger wie CDs, Audiokassetten, VHS-Videos, DVDs, PC- und Videospiele sowie Software nur in der Einschweißfolie bzw. mit unbeschädigtem Siegel zurücknehmen. Die Rückgabefrist beträgt 30 Tage. Die genauen Bestimmungen finden Sie in unserer Online-Rücknahmegarantie (www.amazon.de/ruecknahmegarantie) oder in der Versandbestätigung, die Ihnen zugegangen ist. Für die Online-Rückgabe benötigen Sie die Bestellnummer, die Sie oben auf diesem Lieferschein finden.

S/D57L8cfvb/-5 of 5-//EFN-CGN1/std-de-us/6177042/0113-03:00/0111-14:07 Pack Type : C4

F13 Wie wird das Wetter heute?

Ergänzen Sie. Achten Sie auf die korrekte Form.

schneien • Wettervorhersage • ~~Wetterbericht~~ • vorhersagen • bleiben • Glatteis • glatt • Wolke • Sonnenschein • Tief • Donner • Blitz • Frost • Salz

1. ● Nimm einen Schirm mit, im *Wetterbericht* haben sie Regen ______________.
   ■ Ach was, es ist keine __________ am Himmel.
2. ● Lies mal die ______________. Ein _______ bringt wechselhaftes Wetter. Nur gelegentlich ______________.
   ■ Schade, ich habe gehofft, dass das Wetter schön __________.
3. ● Warum hört man den __________ nach dem ________?
   ■ Weil der Schall langsamer ist als Licht.
4. ● Du musst die Blumen von der Terrasse reinstellen. Es soll heute Nacht ________ geben.
   ■ Ja, mach ich gleich.
5. ● Ich komme etwas später. Es hat heute Nacht ______________. Und die Straßen sind ________.
   ■ Ja, bei uns ist auch ______________. Ich habe schon _______ gestreut.

F14 Sonne, Mond und Sterne

Was passt nicht?

1. Am Himmel sieht man: die Sonne – den Mond – die Sterne – ~~den Schatten~~
2. Das Klima ist: bewölkt – trocken – mild – feucht
3. Der Wind: weht – bläst – gefriert – pfeift
4. Im Herbst gibt es: Nebel – Hitze – Stürme – Frost
5. Die Temperaturen: fallen – frieren – sinken – steigen

Lernwörter

der Wetterbericht, -e	mild	feucht	blasen
gefrieren	sinken	steigen	der Blitz, -e
der Donner, -	schneien	glatt	

G. Reisen und Verkehr

G1 Wohin fahrt ihr in den Urlaub?

Ergänzen Sie. Achten Sie auf die korrekte Form.

Ferien • entfernt • flexibel • entspannend • verbringen • buchen • sich kümmern • ~~in den Urlaub fahren~~ (CH: in die Ferien fahren) • dahin kommen • Flieger • Fähre • Auto • Wanderung • Sehenswürdigkeit • Internet • Swimmingpool • Appartement • Ferienwohnung

- ■ Wohin (1) *fahrt* ihr dieses Jahr (A: heuer) *in den Urlaub*?
- ● Wir fahren wieder nach Elba.
- ■ Oh, schön und wie (2) *k*______ ihr *d*______?
- ● Wir fahren mit dem (3) *A*______ und nehmen in Piombino die (4) *F*______. Wir möchten nicht den ganzen Urlaub am Strand (5) *v*______. Wir schauen uns gerne mal (6) *S*______ an oder machen (7) *W*______, da ist man mit dem Auto (8) *fl*______.
- ■ Geht ihr in ein Hotel oder in eine (9) *F*______?
- ● Wir haben im (10) *I*______ ein nettes (11) *A*______ gefunden, das nur 600 Meter vom Strand (12) *e*______ ist. Und was macht ihr in den (13) *F*______?
- ■ Wir nehmen den (14) *F*______ nach Menorca. Wir haben eine All-inclusive-Reise in einer Anlage mit großem (15) *S*______ (16) *geb*______. Ich finde es einfach (17) *e*______, wenn ich (18) *m*______ mal nicht um das Essen und um die Kinder *k*______ muss.

Lernwörter

der Ausflug, ¨-e	dahin (kommen)	der Flieger, -	in den Urlaub fahren
sich kümmern (um)	das Internet (Sg)	flexibel	verbringen
das Swimmingpool, -s	entfernt	das Appartement, -s	
dieses Jahr	entspannend	die Sehenswürdigkeit, -en	

G2 Verkehrsmittel

Ordnen Sie zu. Ergänzen Sie den bestimmten Artikel.

U-Bahn • Zug • Auto • Hubschrauber • Reisebus • ~~Lastwagen~~ (CH: Camion) • Moped • Bus • Schiff • Fähre • Flugzeug • Fahrrad • Boot • S-Bahn • Straßenbahn • Motorrad • Taxi

Was bewegt sich ...

1. auf der Straße?

der Lastwagen

______
______
______
______
______
______
______

2. auf Schienen?

______
______
______

3. auf dem Wasser?

______
______
______

4. in der Luft?

______
______

G3 Du musst am Hauptbahnhof einsteigen

Ergänzen Sie die fehlenden Vokale.

1. Ich muss am H*a*uptb*a*hnh*o*f einsteigen. Der Schn__llz__g hält nicht am Ostbahnhof.
2. Du brauchst kein Taxi rufen. Da drüben ist ein T__x__st__nd.
3. Die H__lt__st__ll__ ist verlegt worden. Der Bus hält jetzt an der Putzbrunner Straße.
4. __nds____t____n, bitte alle(s) aussteigen. Dieser Zug endet hier.
5. An der nächsten St__t____n müssen wir in die U5 umsteigen.
6. Entschuldigung, wie viel V__rsp__t__ng hat der Zug? Ich habe die D__rchs__g__ nicht verstanden.

Lernwörter

das Verkehrsmittel, - | das Moped, -s | das Boot, -e | der Hubschrauber, -
der Reisebus, -se | die Endstation, -en | die Durchsage, -n | der Hauptbahnhof, ¨-e

G4 Können Sie mir helfen?

Ordnen Sie zu. Oft sind mehrere Antworten möglich.

links • Empfang • das weiß ich nicht • rechts • ~~wo liegt~~ • ich suche • ich bin nicht von hier • wo ist • immer geradeaus • komme ich • gibt es • ich kenne mich in der Gegend hier nicht aus • ich bin fremd hier • brauche ich

1. Entschuldigung, *wo liegt* / ______________ / __________ das Deutsche Museum.
2. Wie ______________ zum Reichstag?
3. ___________ einen Bus, zum Tierpark?
4. Wie lange ________________ zu Fuß zum Bahnhof?
5. Fahren Sie ________ / __________ / ____________________.
6. Es tut mir leid, ____________________________.

   Das tut mir leid, ____________________________.

   Tut mir leid, ____.

   Sorry, __________________________________.
7. Mist, ich habe mich verfahren und mein Navi hat keinen ____________.

Lernwörter

liegen | der Empfang, ¨-e | sich auskennen | ich bin fremd | die Gegend, -en

G5 In der Touristeninformation

Ergänzen Sie. Achten Sie auf die korrekte Form.

~~Stadtplan~~ • Eintrittskarte • Warteschlange • Veranstaltung • Ausstellung • Sehenswürdigkeit • Prospekt • sehenswert • Reiseführer • Galerie • Führung • Information • Denkmal • Ticket • geschehen • reservieren • ausschließlich • besichtigen • online

- ● Guten Tag, hätten Sie bitte einen (1) *Stadtplan* von München?
- ■ Ja gerne, bitte schön. Kann ich Ihnen sonst noch helfen?
- ● Ja. Sind auf dem Plan die (2) *S*__________ eingezeichnet?
- ■ Ja, schauen Sie, alle wichtigen (3) *D*__________ und Plätze sind mit einem blauen Punkt markiert. Ich gebe Ihnen noch diesen (4) *P*__________, in dem finden Sie Informationen zu aktuellen (5) *V*__________ und (6) *A*__________ in Museen und (7) *G*__________.
- ● Danke. Ich habe dann noch eine Frage. In meinem (8) *R*__________ steht, dass das Schloss Hohenschwangau und das Schloss Neuschwanstein sehr (9) *s*__________ sind. Kann ich bei Ihnen (10) *E*__________ dafür kaufen? Ich möchte nicht so lange in der (11) *W*__________ stehen.
- ■ Wir verkaufen hier keine Eintrittskarten und die Schlösser können leider nur im Rahmen einer (12) *F*__________ (13) *b*__________ werden. (14) *T*__________ können Sie (15) *a*__________ vor Ort am Ticketcenter in Hohenschwangau kaufen. Es ist aber möglich, Eintrittskarten (16) *o*__________ zu (17) *r*__________.
- ● Vielen Dank für die (18) *I*__________.
- ■ Gern (19) *g*__________.

Lernwörter

die Touristeninformation, -en	besichtigen	sehenswert	die Sehenswürdigkeit, -en
der Reiseführer, -	die Führung, -en	online	das Denkmal, ¨-er
gern geschehen	die Ausstellung, -en	die Galerie, -n	die Veranstaltung, -en
ausschließlich			

G6 Übernachtungsmöglichkeiten

Ergänzen Sie. Achten Sie auf die korrekte Form.

Zelt • Übernachtung • Motel • unterbringen • ~~Pension~~ •
Jugendherberge • Fremdenzimmer • Campingplatz

1. Eine *Pension* ist ein kleines Hotel, __________ liegen immer an Fernstraßen.
2. Bei der Radtour übernachten wir in günstigen ____________________ in Gasthöfen.
3. Kennst du einen guten ____________________ auf Korsika? Wir haben uns ein großes ________ gekauft und die Kinder wollen dieses Jahr unbedingt zelten gehen.
4. Die Schüler sind in einer ____________________ ____________________.
5. Was kostet bei Ihnen eine ____________________ mit Frühstück?

G7 Können Sie mir ein preiswertes Hotel empfehlen?

Ergänzen Sie. Achten Sie auf die korrekte Form.

Frühstücksbuffet • reservieren • Halbpension • Einzelzimmer • ~~preiswert~~ •
günstig • Doppelzimmer • Vollpension • inklusive

- ● Können Sie mir ein (1) *preiswertes* Hotel empfehlen?
- ■ Ja, das Hotel „Zum Schwan" wäre (2) *g*__________. Möchten Sie ein (3) *E*__________________?
- ● Nein, ein Doppelzimmer.
- ■ Das (4) *D*__________________ kostet dort (5) *i*__________ (6) *F*____________________ 95 Euro, mit Halbpension 125 Euro und mit (7) *V*______________ 165 Euro.
- ● Wir möchten gerne (8) *H*__________________. Könnten Sie das Zimmer gleich für uns (9) *r*________________?

Lernwörter

das Einzelzimmer, -	das Doppelzimmer,-	das Zelt, -e	der Campingplatz, ¨-e
das Fremdenzimmer, -	die Vollpension (Sg)	die Halbpension (Sg)	inklusive
preiswert	günstig	das Frühstücksbufett	

G8 Im Hotel

Ergänzen Sie.

Swimmingpool • Vollpension • Empfangshalle • Hotelbar • Zimmerservice • Daten (Pl) • ausfüllen • Lift • Frühstücksraum • Speisesaal • Gericht • Aussichtsterrasse • ~~Rezeption~~ • Gast

1. ● Wo finde ich bitte die *Rezeption*?
   ■ In der *E*____________ gleich rechts.
2. *F*______ Sie bitte den Meldezettel *a*____. Geben Sie auch die *D*______ der Kinder an.
3. ● Wo ist denn bitte der *L*_____? Mein Koffer ist so schwer.
   ■ Selbstverständlich trägt Ihnen unser Page den Koffer aufs Zimmer, bei uns ist der *G*_____ noch König!
4. Bestellst du bitte beim *Z*____________ ein kleines *G*________.
   Ich habe noch Hunger.
5. Das Frühstück wird von 7 bis 11 Uhr im *F*____________ serviert.
6. Wenn Sie *V*___________ gebucht haben, können Sie im *S*__________
   Ihr Mittagessen einnehmen.
7. Das Hotel hat eine *A*______________, von der man die Berge sehen kann, einen großen *S*____________ und eine *H*________.

G9 Ich habe ein Zimmer reserviert

Was ist richtig? Setzen Sie Verben in die korrekte Form.

1. Ich habe ein Zimmer (reservieren/bestellen) *reserviert*.
2. Können Sie mich bitte morgen um sechs Uhr (klingeln/wecken) _________.
3. Vor der Zimmertür hängt ein Schild „Bitte nicht (wecken/stören) _________".
4. Ich glaube (das Zimmermädchen / der Nachtportier) ________________
   möchte das Zimmer putzen.

Lernwörter

das Gericht, -e	der Frühstücksraum, ¨-e	die Daten (Pl)	der Zimmerservice, -e
die Rezeption, -en	die Empfangshalle, -n	einnehmen	der Speisesaal, -säle
die Vollpension, -en	der Nachtportier, -s	das Schild, -er	das Zimmermädchen, -

G10 Wie komme ich zu dir?

Ergänzen Sie. Achten Sie auf die korrekte Form.

zwar • abholen • aussteigen • kriegen • erst • einsteigen • umsteigen • Richtung • sich beeilen • verpassen • Haltstelle • ~~Verkehrsmittel~~ • Verbindung • klappen

- ● Wie komme ich mit öffentlichen (1) *Verkehrsmitteln* vom Königsplatz zu dir?
- ■ Du nimmst am besten die U-Bahn und (2) ________ die U2 (3) ______________ Messestadt Ost. An der (4) __________________ Innsbrucker Ring musst du in die U5 Richtung Neuperlach Süd (5) _________________. Dort musst du dann (6) __________________ und den Bus Nr. 55 Richtung Waldperlach nehmen. Wenn du (7) _______ ____________, hast du gleich eine (8) ___________________. Du musst aber schnell laufen, sonst (9) ____________ du den Bus nicht. (10) _________ aber nicht in den Bus 199 _____, der braucht länger. Ruf an, wenn was nicht (11) ___________.
- ● Hallo Bärbel, du, ich hab den Bus (12) _______________. Der nächste fährt (13) ______ in zwanzig Minuten.
- ■ Ich (14) _____ dich ____. Bis gleich.

G11 Berufe: Tourismus, Hotel und Verkehr

Ergänzen Sie die Vokale.

1. die P*i*l*o*t*i*n
2. die St_w_rd_ss / die Fl_gb_gl__t_r_n
3. der B_sf_hr_r
4. der Z_gf_hr_r
5. der Z_gb_gl__t_r
6. der K_lln_r
7. der K_ch
8. das Z_mm_rm_dch_n
9. der P_rt__r
10. der M_tr_s_
11. der K_p_t_n
12. die R__s_l__t_r_n

Lernwörter

zwar	sich beeilen	verpassen	kriegen
klappen	das Verkehrsmittel, -	die Verbindung, -en	der Fahrer, -
der Reiseleiter, -			

G12 Am Fahrkartenschalter

Ergänzen Sie. Achten Sie auf die korrekte Form.

Hauptbahnhof • Verbindung • ~~Hin- und Rückfahrt~~ • erste • zweite • Rückfahrt • Reise • Fahrschein • machen • Wagen • Fensterplatz • Sitz • reservieren

- Grüß Gott. Ich hätte gerne eine Fahrkarte (1) *Hin- und Rückfahrt* München Nürnberg mit dem ICE.
- (2) ________ oder zweite Klasse?
- (3) ________ Klasse bitte. Ich möchte diesen Freitag um 8 Uhr morgens in Nürnberg sein. Könnten Sie mir bitte ein (4) ________ raussuchen?
- Sie könnten den ICE um 6.40 Uhr ab München (5) ________ nehmen. Sie sind dann um 7.57 Uhr in Nürnberg.
- Ja, das passt wunderbar.
- Brauchen Sie auch eine Verbindung für die (6) ________?
- Nein, danke, ich weiß noch nicht, wann ich zurückfahre.
- Möchten Sie einen Sitzplatz (7) ________?
- Ja bitte, für die Hinfahrt. Einen (8) ________ mit Tisch, wenn das geht.
- Ja, das ist möglich. Das (9) ________ dann 110 Euro plus 4,50 Euro für die einfache Platzreservierung, zusammen 114, 50 Euro. Zahlen Sie mit Karte?
- Ja, mit Kreditkarte.
- So, hier ist Ihr (10) ________, Hin- und Rückfahrt München Nürnberg mit einer Reservierung für Freitag, den 29.4., (11) ________ 9, (12) ________ 22. Fensterplatz mit Tisch im Großraumwagen, und hier Ihr Zahlungsbeleg. Angenehme (13) ________.
- Danke.

Lernwörter

der Sitz, -e der Schalter, - die Verbindung, -en der Hauptbahnhof, ⸚e

G13 Fahrkarten, Reservierungen ...

Ergänzen Sie. Es gibt einen Lesetrick.

1. Mit diesem Ticket dürfen Sie den ICE nicht benutzen.
   Da müssen Sie noch den (galhcsuZ) *Zuschlag* bezahlen.
2. Sie müssen das Ticket für die U-Bahn noch
   (netrewtne) ______________, sonst ist es nicht gültig.
3. Ich möchte nicht im Großraumwagen sitzen. Kann ich einen
   Sitzplatz in einem (lietbA) __________ reservieren?
4. Lass uns in den (negawesiepS) ______________ gehen und etwas essen.

G14 Gepäck

Ergänzen Sie. Achten Sie auf die korrekte Form.

E-Book • einpacken • aufgeben • Verspätung • Fundbüro • liegen lassen • ~~Gepäck~~ • Rucksack • Schließfach • Gepäckannahme • Gepäckaufbewahrung • transportieren

1. Lass uns das *Gepäck* in ein *Sch*______________ stellen oder bei der
   *G*__________________________ abgeben. Der Zug hat zwei Stunden
   *V*______________.
2. ● Mist, ich habe meinen *R*__________ im Zug *l*________ *l*________!
   ■ Oje, hoffentlich hat ihn jemand im *F*__________ abgegeben.
3. ● Weißt du wo das *E*________ ist?
   ■ Ja, das habe ich *e*______________, es ist in der Reisetasche.
4. ● Oma, den schweren Koffer kannst du nicht *t*______________. Den bringen
   wir zur *G*______________. Der wird dir dann in der Ferienwohnung zugestellt.
   ■ Den *g*_____ ich nicht *a*_____. Wenn der nicht ankommt, habe ich nichts zum Anziehen.

Lernwörter

das Abteil, -e
der Speisewagen, -
einpacken
die Gepäckannahme, -n
der Zuschlag, ¨-e
das Gepäck (Sg)
das E-Book, -s
die Gepäckaufbewahrung, -en
entwerten
der Rucksack, ¨-e
transportieren
liegen lassen
aufgeben

G15 Rund ums Bahnfahren

Wie heißen die Wörter?

~~AUF~~ • ~~ENT~~ • WAG • ~~HALT~~ • GON • SCHLAF • RE • GEN • WA • TOUR

1. kurze Unterbrechung einer Reise oder Fahrt: *Aufenthalt*
2. ein anderes Wort für *Eisenbahnwagen*: ______________
3. ein anderes Wort für *zurück*: ______________
4. ein Eisenbahnwagen mit Betten: ______________

G16 Am Check-in-Schalter

Ergänzen Sie. Achten Sie auf die korrekte Form.

wiegen • Sicherheitskontrolle • ~~Flug~~ • Pass • Gepäck • Handgepäck • Band • Übergepäckgebühren (Pl) • Bordkarte • Gate • rechtzeitig • Beginn • Passagier • Boarding

● Guten Morgen, ich habe den (1) *Flug* nach London um 8.30 Uhr gebucht.

■ Ihren (2) ________ bitte. Danke. Haben Sie (3) ____________ zum Aufgeben?

● Ja, diesen Koffer. Diese Tasche hier ist (4) ____________________.

■ Stellen Sie den Koffer bitte aufs (5) ________. – Der Koffer (6) ________ 12 Kilo mehr als das zulässige Freigepäck, da müssen Sie leider (7) ____________________________________ entrichten.

■ Hier, Ihre (8) __________________. Das (9) ________________ beginnt in 40 Minuten am (10) ________ A12, Terminal 2. Gehen Sie bitte (11) _____________________ zur (12) ______________________________________. Wegen des (13) ______________ der Sommerferien werden viele (14) ____________________ erwartet.

● Danke schön.

■ Einen angenehmen Flug!

Lernwörter

der Schlafwagen, ¨	rechtzeitig	das Gepäck (Sg)	aufgeben
wiegen	der Passagier, -e	der Beginn (Sg)	

G17 Abfliegen und Ankunft

Wie heißt das passende Verb bzw. das passende Nomen?

1. eine *Reise* machen → *verreisen*
2. der *Abflug* verspätet sich → später ______
3. die ______ verspätet sich → später *ankommen*
4. die *Landung* ist nicht möglich → man kann nicht ______
5. eine ______ haben → sich *verspäten*
6. eine ______ machen → etwas *buchen*
7. der ______ ist pünktlich → pünktlich *starten*
8. einen *Plan* machen → etwas ______

Tipp

Substantive mit der Endung *-ung*

Substantive mit der Endung ***-ung*** sind feminin: ***die*** *Bera**tung***, ***die*** *Reservie**rung***, ***die*** *Verspä**tung***, ***die*** *Lan**dung*** ...

G18 Durchsagen am Flughafen und im Flugzeug

Schreiben Sie die Sätze.

1. *Letzter Aufruf für Passagier Hans Will, gebucht auf Flug 212 nach Wien.*

   letzteraufruffürpassagierhanswill,gebuchtaufflug212nachwien

2. ______

   ihrlufthansaflug342nachmünchenistzumeinsteigenbereit

3. ______

   bittelegensieihresicherheitsgurtean

4. ______

   unserevoraussichtlicheflugzeitbeträgtzweistunden

Lernwörter

verreisen	bereit	planen	der Plan, ¨-e
der Start, -s	die Ankunft, ¨-e	abfliegen	landen
voraussichtlich	der Sicherheitsgurt, -e		

G19 Mobilität

Ergänzen Sie. Achten Sie auf die korrekte Form.

abholen • stürzen • laufen • ~~Kurve~~ • kommen • fahren • anschnallen • Leihwagen • halten • Gurt • Mountainbike • nirgendwo • Parkplatz

1. Er fuhr zu schnell in die *Kurve* und __________ mit dem neuen __________________.
2. Wie David zur Schule ________? Früher ist er ___________, jetzt ________ er mit dem Roller.
3. Kannst du dich selber ________________, oder soll ich dir mit dem Gurt helfen?
4. Du musst dir einen ______________ nehmen, zu Fuß kommst du dort ____________ hin.
5. Kannst du bitte am nächsten Rastplatz _________?
6. Ich weiß nicht, wo ich parken soll, alle ______________ sind belegt!
7. Soll ich dich vom Flughafen __________ oder nimmst du dir ein Taxi?

Schild • Fußgängerzone • Gehweg • Kreuzung • bremsen • überholen • rechtzeitig • Werkstatt • Strafzettel • schieben • stehen bleiben

8. Ich halte nach der ____________ und lass dich dort aussteigen.
9. Den Lastwagen kann ich nicht _____________, hier ist Überholverbot.
10. Er __________ gerade noch _______________, bevor die Ampel rot wurde.
11. Den Wagen muss ich vor dem Urlaub noch in die _____________ bringen.
12. Der Lieferwagen parkte auf dem _________ und bekam einen _______________.
13. Das ist eine ___________________, da musst du dein Fahrrad ____________.
14. Hey! Bei dem Stopp-_________ musst du _________ __________ und schauen!

Lernwörter

anschnallen	der Gurt, -e	stürzen	abholen
der Parkplatz, ¨-e	überholen	bremsen	rechtzeitig
die Werkstatt, ¨-en	schieben	das Schild, -er	stehen bleiben
das Mountainbike, -s	nirgendwo	der Gehweg, -e	

G20 Verkehrsbedingungen

Ergänzen Sie. Achten Sie auf die korrekte Form.

Nebenstraße • Stau • Verkehr • Ausfahrt • ~~abbiegen~~ • blitzen • Einbahnstraße • gesperrt • Umleitung • Geschwindigkeitsbeschränkung

1. Ich kann hier schon wieder nicht *abbiegen*, das ist eine *E*________________.
2. Wieso ist denn heute so viel *V*________?
3. Die Autobahn ist wegen eines Unfalls *g*________.
4. An dieser Kreuzung gibt es immer *St*____.
5. Wenn du die *U*__________ nach Ulm nimmst, fährst du auf *N*____________.
6. Wir fahren bei der nächsten *A*_________ von der Autobahn runter.
7. Pass auf, auf der B10 Richtung Stuttgart gibt es *G*______________________________ und es wird an vielen Stellen *geb*_______.

Geschwindigkeit • Strafe • Verkehrskontrolle • rufen • stoppen • Unfall • Ampel • volltanken • sperren • Tankstelle

8. Der *U*______ ist doch passiert, weil das Taxi bei Rot über die *A*______ gefahren ist. Komm, wir *r*_____ die Polizei.
9. Kannst du an der nächsten *T*__________ noch *v*__________?
10. *V*__________________. Ihren Führerschein und den Fahrzeugschein bitte.
11. Die Straße ist wegen einer Demonstration *gesp*_______.
12. Ich musste *St*______ zahlen, weil der TÜV zu lange abgelaufen war.
13. Die Polizei *st*_______ den Porsche wegen überhöhter *G*______________.

Lernwörter

die Ausfahrt, -en	der Verkehr (Sg)	der Stau,-s	die Einbahnstraße, -n
die Nebenstraße, -n	die Umleitung, -en	gesperrt	die Verkehrskontrolle, -n
stoppen	abbiegen	die Strafe, -n	die Geschwindigkeit, -en
die Tankstelle, -n	volltanken	die Baustelle, -n	die Geschwindigkeits-beschränkung, -en

G21 Ein Visum beantragen

Notieren Sie die richtige Reihenfolge.

___ einreisen

___ ausreisen

___ das Visum wird ausgestellt / das Visum bekommen

___ das Visum verlängern lassen

___ das Visum läuft ab

_1_ zur Botschaft gehen

___ das Visum beantragen

G22 Das Schengener Abkommen

Ergänzen Sie. Achten Sie auf die korrekte Form.

Drogenhändler • Verbrecher • verhindern • Fahrzeug • Grenze • Ware • ~~ermöglichen~~ • Staat • verdächtig

Das Schengener Abkommen

Das Schengener Abkommen (1) *ermöglicht*, dass sich Menschen und (2) ________ leichter in den europäischen Ländern bewegen können. Statt zwischen den (3) ____________ wird nun strenger an den Außengrenzen der Europäischen Union kontrolliert. An den früheren (4) ____________ werden nur noch (5) ________________ Personen und (6) ______________ kontrolliert, um zu (7) ________________, dass z. B. (8) ________________, (9) ____________________ oder Terroristen die Grenzen passieren.

Lernwörter

ausstellen	verlängern	beantragen	verhindern
der Staat, -en	verdächtig	streng	das Fahrzeug, -e
die Person, -en	der Verbrecher, -	der Händler, -	das Visum, Visa
die Droge, -n	die Europäische Union (Sg)		

G23 Beim Zoll und an der Grenze

Ergänzen Sie. Achten Sie auf die korrekte Form.

Stempel • Ware • Ausland • Zoll bezahlen • Ausweis • gültig • ~~einführen~~ • Zollbeamte • Einreisegenehmigung

1. Er wollte zu viele Zigaretten aus Tschechien *einführen* und musste _______ _______________.
2. Der _________________ kontrollierte den Koffer nach illegal eingeführten _________.
3. Mein ____________ ist schon seit über einem Jahr abgelaufen.
4. Das Visum ist bis zum 31.12.2019 __________.
5. Bei der Einreise bekam ich einen ____________ in meinen Pass.
6. Ich benötige noch eine _________________________________, bevor ich kommen kann.
7. Bewirb dich um ein Stipendium, es ist besser, wenn man nicht nur im Inland, sondern auch im ____________ studiert hat.

Papiere • Währung • exportieren • ausführen • sich ausweisen • Staatsangehörigkeit • Ausländer • Mitbürger

8. Politiker sprechen normalerweise nicht von ________________, sondern von ausländischen _________________ oder Menschen mit Migrationshintergrund.
9. Personenkontrolle. Können Sie _______ _______________?
10. Wie viel Bargeld kann ich von Deutschland in ein anderes Land _______________?
11. Deutschland ________________ mehr Waren als es Waren importiert.
12. Eine gemeinsame ____________ erleichtert den Handel.
13. ● Welche ________________________________ haben Sie?
    ■ Ich bin Rumäne. Hier sind meine ____________.

Lernwörter

einführen	das Ausland (Sg)	der Zoll, ¨-e	der Beamte, -n
der Bürger, -	ausführen	gültig	der Ausweis, -e
der Stempel, -	die Einreisegenehmigung, en	die Papiere (Pl)	benötigen

H. Essen und Trinken

H1 Was isst Ihre Familie?

Ergänzen Sie.

Müsli • Pizza • Sandwich • Wurst • Honig • Nachmittag • Nudeln • Kaffee • ~~Mahlzeiten~~ • Frühstück (CH: Morgenessen) • Gemüse • Mittagessen • Kakao • vormittags • Kantine • Obst • Abendessen (CH: Nachtessen) • Soße

„Meistens gibt es bei uns fünf (1) *Mahlzeiten*. Zum (2) ______________ trinken mein Mann und ich (3) __________, die Kinder trinken (4) _________, und wir essen oft (5) _________ mit Obst oder Toastbrot mit Butter, Marmelade oder (6) _________. (7) _________________ essen die Kinder in der Schule ihr Pausenbrot. Zum (8) ___________________ kommen die Kinder meistens nach Hause und es gibt dann oft (9) __________ mit (10) _______ oder Fleisch mit (11) ___________. Wenn sie Nachmittagsunterricht haben, kaufen sie sich im Supermarkt ein (12) ______________ oder auch mal beim Italiener eine (13) _________ zum Mitnehmen. Mein Mann isst mittags immer in der (14) ____________. Am (15) __________________ essen die Kinder dann oft noch (16) _______ und ab und zu auch mal Süßigkeiten. Zum (17) ________________ gibt es meistens Brot mit Käse oder (18) _________ und Salat."

H2 In der Schule

Wie heißen die Wörter? Es gibt einen Lesetrick.

1. Die Kinder dürfen im Unterricht trinken, wenn sie (gitsrud) *durstig* sind.
2. Damit die Kinder sich in der Schule gesund (nerhänre) ______________, darf der (retsiemsuaH) ___________________ am (ksoiK) _______ keine Süßigkeiten verkaufen.
3. Er hat sein Pausenbrot nicht gegessen, weil er nicht (girgnuh) ____________ war.

Lernwörter

der Honig (Sg)
(sich) ernähren
das Sandwich, -es
die Pizza, -s/Pizze(n)
das Mü(e)sli, -(s)
der Kiosk, -e
hungrig
die Soße, -n
der Kakao, -s
der Unterricht (Sg)
durstig
die Mahlzeit, -en
die Kantine, -n
der Hausmeister, -

H3 Gekocht oder gebraten?

Ergänzen Sie die Vokale.

■ Herr Ober, könnten Sie mir bitte die (1) Forellengerichte erklären?

● Ja, gerne. Forelle „blau" ist (2) g_k_cht_ Forelle. Die Forelle im Salatmantel wird im Ofen (3) g_b_ck_n. Forelle „Müllerin" ist in Butter (4) g_br_t_n_ Forelle, die mit Zitrone und Petersilie serviert wird. Forelle mediterran ist eine (5) g_gr_llt_ Forelle mit Thymian, Basilikum und (6) Kn_bl__ch.

■ Dann nehme ich die Forelle (7) v_m Gr_ll mit Salat und Rosmarinkartoffeln.

H4 Portionen und Verpackungen

Ergänzen Sie.

Stück • Tasse • Becher • Kasten • Kiste • Paket • Päckchen • Schluck • ~~Portion~~ • Schachtel • Packung • Flasche • Glas • Dose (D/CH: Büchse) • Tüte • Schale

1. eine *Portion* Pommes frites
2. ein ______ Sachertorte/Butter
3. eine ______ Streichhölzer (A/CH: Zündhölzer; A auch: Zünder)
4. eine ______ Erdbeeren
5. ein ______ Kaugummi
6. ein ______ Waschpulver
7. eine ______ Milch
8. ein ______ / eine ______ Bier
9. eine ______ Wein
10. ein ______ Gurken
11. eine ______ Kaffee
12. einen ______ trinken
13. eine ______ Tomaten
14. ein ______ Sahne (A: Schlagobers, CH: Rahm)
15. eine ______ Chips

Lernwörter

gebacken	gegrillt	gekocht	gebraten
der Knoblauch (Sg)	die Beilage, -n	vom Grill	das Gericht, -e
das Päckchen, -	die Schachtel, -n	die Dose, -n	das Stück, -e
die Portion, -en	der Schluck, -e	der Kasten, ¨	die Torte, -n

H5 Was möchten Sie?

Ergänzen Sie. Achten Sie auf die korrekte Form.

scharf • Zucker • da drüben • Hauptspeise • Beilage • Senf • ~~Ketchup~~ • Öl • nachschenken

1. ● Mayonnaise oder Ketchup zu den Pommes?
   ■ Ketchup, bitte.

2. ● Möchten Sie als ____________ Reis oder Bratkartoffeln?
   ■ Reis bitte.

3. ● Möchten Sie als ____________________ Schweinebraten oder Backfisch?
   ■ Den Schweinebraten, bitte.

4. ● Bringen Sie mir bitte noch Essig und ___?
   ■ Ja, sofort.

5. ● Süßen oder ______________ Senf zum Leberkäse?
   ■ Süßen _______, bitte.

6. ● Ich hätte gerne __________.
   ■ Der steht ___ ___________.

7. ● Darf ich Ihnen _____________________?
   ■ Ja, gerne.

Tipp

Nomen ohne Artikel

Bei unbestimmten Mengen steht das Nomen ohne Artikel (= Nullartikel):

Ich trinke ***Tee*** mit ***Zucker***.

Ich esse ***Pommes*** mit ***Ketchup***.

Können Sie mir ***Salz*** bringen?

Lernwörter

die Beilage, -n
da drüben
das Ketchup, -s
die Mayonnaise, -n
scharf
die Hauptgericht, -e

H6 Auswärts essen

Ordnen Sie zu.

1. Wollen wir heute essen gehen? In Wertach gibt es einen guten Italiener.
2. Wo gibt es hier in der Nähe eine nette Kneipe (A: ein Beisel)?
3. Kommt im Biergarten keine Bedienung?
4. Können wir noch etwas Warmes bestellen?
5. Muss ich Service und Bedienung extra bezahlen?
6. Ist der Platz noch frei?
7. Zahlen Sie zusammen oder getrennt?
8. Haben Sie schon gewählt?

a) Ja. Als Vorspeise nehme ich den Meeresfrüchtesalat und als Hauptspeise die Nudeln mit Pesto.

b) Nein, hier ist Selbstbedienung.

c) Zusammen.

d) Ja, aber lass uns einen Tisch reservieren, das letzte Mal haben wir keinen Platz bekommen.

e) Nein, die Küche ist leider schon geschlossen.

f) Nein, das ist inklusive. Du bezahlst nur, was auf der Karte steht, und es ist üblich ungefähr 10 % Trinkgeld zu geben.

g) Gleich hier um die Ecke ist eine Kneipe mit leckeren österreichischen Spezialitäten.

h) Nein, tut mir leid, der ist besetzt.

1.	2.	3.	4.	5.	6.	7.	8.
d)							

Lernwörter

in der Nähe	die Spezialität, -en	die Kneipe, -n	ausgehen
die Bedienung, -en	die Selbstbedienung (Sg)	inklusive	lecker
zusammen	getrennt	das Trinkgeld, -er	der Biergarten, ¨
üblich	die Vorspeise, -n	das Hauptspeise, -n	auswählen

H7 Die Milch ist sauer!

Ergänzen Sie.

braten • zäh • warm • bitter • ~~sauer~~ • trocken • kühl • weich • kalt • roh

1. Igitt! Die Milch ist ja *sauer*!
2. Das Fleisch ist noch ______. Das muss noch mal in den Ofen.
3. Die Brötchen schmecken nicht, sie sind schon ganz __________ und nicht knusprig.
4. Dieses Bier mag ich nicht, es ist mir zu __________.
5. Der Weißwein ist nicht _______.
6. Die Suppe ist _______, können Sie sie mir bitte ________ machen?
7. Der Kuchen von meiner Schwiegermutter ist immer ____________.
8. Das Fleisch ist ja total _____. Gulasch kannst du nicht in der Pfanne __________, das musst du kochen!

mild • haltbar bis • gewürzt • biologisch • vegetarisch • faul • fett • salzig • hart

9. Die Pfirsiche schmecken nicht, sie sind noch ganz _______.
10. Nein, den Schinken möchte ich nicht, der ist mir zu _______.
11. Nimm einen anderen Beutel. In dem hier ist schon eine Orange _______.
12. Das kannst du nicht mehr essen. Da steht ____________ _____ 12.11. Das war letzten Monat!
13. Dieser Schinken ist nicht __________. Er ist ganz _______.
14. Die Sauce schmeckt nicht. Sie ist nicht gut ____________.
15. In der Brühe ist kein Fleisch, sie ist rein ____________________.
16. Ich kaufe nur noch ____________________ Hähnchenfleisch, obwohl es sehr viel teurer ist.

Lernwörter

fett	bitter	kühl	roh
zäh	mild	faul	haltbar bis
gewürzt	biologisch	vegetarisch	

H8 In der Gemüsesuppe sind ...

Streichen Sie die Fehler.

1. In der Gemüsesuppe sind Karotten (D auch: Möhren; CH: Rüebli), Kartoffeln (A: Erdäpfel), Trauben, Brokkoli, Bohnen (A: Fisolen) und Erbsen.
2. Im gemischten Salat sind Salat, Gurken, Tomaten (A: Paradeiser), Paprika (CH: Peperoni), Pilze (A: Schwammerl) und Aprikosen (A: Marillen).
3. Im Obstsalat sind Äpfel, Erdbeeren, Orangen, Birnen, Bananen und Zwiebeln.

H9 Verschiedene Gaststätten

Ergänzen Sie. Achten Sie auf die korrekte Form.

Lokal • ~~Restaurant~~ • empfehlen • Raststätte • Café • Bar • Gaststätte • Menü • Imbiss-Stand • Lust haben • Gasthaus • Mensa

1. In diesem französischen *Restaurant* gibt es ausgezeichnete ________.
2. Komm, wir setzen uns an die *B*____, bis ein Platz an einem Tisch frei ist.
3. ● Gehen wir nach der Vorlesung ins *C*______ „Tortenhimmel"?
   ■ Ich möchte lieber in die *M*________.
4. In Gotzing gibt ein bayerisches *G*____________, in dem man sehr lecker essen kann.
5. Lass uns an der nächsten *R*______________ anhalten, wir brauchen noch eine Vignette, damit wir in Österreich auf der Autobahn fahren dürfen.
6. Können Sie mir ein *L*_______ *e*____________, wo man Mittagessen kann?
7. Der Fußballverein trifft sich zum Stammtisch in der *G*______________ „Zum alten Wirt".
8. Ich *h*_____ keine *L*_____ zu kochen. Ich hole uns was am *I*________________ beim Metzger.

Lernwörter

das Gasthaus, ¨-er	das Lokal, -e	die Gaststätte, -n	die Raststätte, -n
empfehlen	Lust haben	das Menü, -s	der Pilz, -e
die Karotte, -n	die Tomate, -n	die Zwiebel, -n	die Aprikose, -n
die Erdbeere, -n			

H10 Alkoholische und nichtalkoholische Getränke

Ergänzen Sie. Achten Sie auf die korrekte Form.

Wein • Limonade • Jugendliche • Mineralwasser • Weinkarte • beschwipst • ~~Alkohol~~ • Bier • Schnaps • betrunken • reichen • Gewürz • Getränk • heißes Getränk • einschenken

1. In Deutschland darf *Alkohol* an __________ unter 16 Jahren nicht verkauft werden.
2. Auf dem Oktoberfest in München sind viele Besucher sehr __________.
3. In unserem griechischen Lokal bringt der Kellner (A: Ober; CH: Serviceangestellte) nach dem Essen immer einen __________.
4. Im Biergarten gibt es keinen ______, dort trinkt man Bier.
5. Kannst du mir bitte noch ein bisschen Wein __________?
6. Können Sie mir bitte die __________ bringen?
7. Wenn du auf dem Münchner Oktoberfest ein ______ bestellst, bekommst du eine Mass, das ist ein Liter.
8. __________ du mir bitte das Brot. Ich bin von dem einen Glas Sekt schon __________.
9. Probier doch mal ein Radler, das ist Bier mit __________.
10. ● Mir ist kalt. Ich möchte irgendein __________ __________.
    ■ Nimm doch einen Glühwein, das ist warmer Wein mit __________.
11. Hast du die __________ schon kalt gestellt?
12. In Deutschland trinkt man oft __________ mit Kohlensäure.

! Tipp

Alkoholische Getränke: Artikel *der*
Alkoholische Getränke haben meistens den Artikel ***der***: *der Wein, der Sekt, der Schnaps* ... aber: ***das** Bier*

Lernwörter

das Getränk, -e
die Limonade, -n
betrunken
heißes Getränk
das Gewürz, -e
der Jugendliche, -n
der Wein, -e
reichen
die Weinkarte, -n
einschenken

H11 Süßigkeiten und Nachspeisen

Finden Sie sechs Wörter und ergänzen Sie den bestimmten Artikel.

etamr~~vanillepudding~~gdzfbonboncirschokoladexckefeisxbgdtortedtbkuchenyktfbl

der Vanillepudding ______________________ ______________________

______________________ ______________________

______________________ ______________________

H12 Speisen zubereiten

Ergänzen Sie. Achten Sie auf die korrekte Form.

~~Kräuter~~ • gefroren • Topf • dazugeben • zubereiten • dazuschütten • nachschütten • rühren • umrühren • tiefgekühlt • gekühlt lagern • kochen • einfrieren

1. Die Sauce schmeckt noch nicht. Gib noch etwas Salz, Pfeffer und *Kräuter* dazu.
2. ■ Weißt du wie man Risotto ______________?
   ● Ja. Zuerst machst du etwas Olivenöl in einem ________ heiß. Dann ________ du den Reis ________ und ________ ein bisschen. Anschließend ______________ du Brühe ________. Während der Reis ________, musst du die ganze Zeit den Reis ______________ und immer wieder Brühe ______________.
3. Mousse au Chocolat muss man ____________ ____________, sonst schmeckt sie nicht.
4. Du kannst die Erdbeeren ______________. Aus den ______________ Früchten kann man prima Marmelade kochen.
5. Den Fisch kann ich noch nicht grillen, der ist ja noch ______________.

! Tipp

Wörter verstehen
Viele Wörter der Übungen müssen Sie bei einer Prüfung auf dem Niveau B1 nicht anwenden, aber verstehen können. Zum Beispiel: *Kräuter, zubereiten, umrühren, schütten, kühlen, einfrieren* ... Diese Wörter stehen nicht in den Lernwörterkästen.

Lernwörter

die Nachspeise, -n | das Bonbon, -s | die Torte, -n

H13 Lebensmittel, Gerichte und Besteck

Was passt nicht?

1. Beilagen: Pommes frites – Nudeln – Reis – ~~Nuss~~
2. italienische Gerichte: Pizza – Teig – Spaghetti
3. Zutaten für einen Kuchen: Mehl – Bratkartoffeln – Butter – Zucker – Eier
4. Milchprodukte: Scheibe – Sahne – Quark – Joghurt
5. Besteck: Messer – Weinglas – Gabel – Löffel – Kaffeelöffel

H14 Geschirr und Töpfe

Ordnen Sie zu.

die Pfanne • ~~der Fleischteller~~ • der kleine Teller • der Suppenteller • die Salatschüssel • die Untertasse • die Kaffeekanne • die Kaffeetasse • der Topf • der Deckel

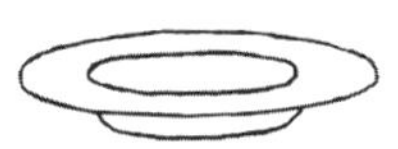

1. *der Fleischteller*
2. ______ ______________
3. ______ ______________

4. ______ ______________
5. ______ ______________
6. ______ ______________
7. ______ ______________

8. ______ ______________
9. ______ ______________
10. ______ ______________

Lernwörter

die Nuss, ¨-e	die Zutat, -en	Spaghetti (Pl)	das Mehl, -e
die Sahne (Sg)	der Joghurt, -s	der Quark (Sg)	das Besteck, -e
der Kaffeelöffel, -	das Weinglas, ¨-er	der kleine Teller, -	die Kaffeekanne, -n
die Pfanne, -n	der Deckel, -		

I. Geschäfte und Einkaufen

I1 Was brauchen wir noch für die Party?

Ergänzen Sie. Achten Sie auf die korrekte Form.

mitnehmen • mitbringen • merken • ~~versprechen~~ • Einkaufsliste • Wurst • Soße • Metzgerei/Fleischerei (A: die Fleischhauerei) • Bäcker • Hackfleisch (A: Faschiertes) • Schwein • Rind • Würstchen • Schinken • Feiertag • Tomate • bestimmt • Grillen

■ Was soll ich noch für die Party einkaufen?

● Ich habe Andrea (1) *versprochen*, dass ich eine Lasagne (2) *m*______. Holst du (3) *T*______ für die (4) *S*______ und (5) *H*______? Und kauf das Fleisch bitte in der (6) *M*______, nicht im Supermarkt.

■ Ja, klar! Hackfleisch vom (7) *R*______ oder vom (8) *Sch*______?

● Gemischt.

■ Soll ich fürs Wochenende auch noch (9) *W*______ mitbringen?

● Ja, (10) *n*______ *m*______, was du magst. Kauf aber ein bisschen mehr ein, am Montag ist (11) *F*______.

■ Oh, das hätte ich fast vergessen. Dann kauf ich noch (12) *Sch*______ und (13) *W*______ zum (14) *G*______. Brauchen wir auch noch Brot?

● Bring doch Toast oder Weißbrot mit, der (15) *B*______ hat am Feiertag (16) *b*______ zu.

■ Jetzt mache ich mir aber eine (17) *E*______, das kann ich mir nicht alles (18) *m*______.

Lernwörter

der Metzger, -	die Wurst, ¨-e	das Würstchen, -	das Rind(fleisch) (Sg)
der Schinken, -	bestimmt	merken	das Schwein(efleisch) (Sg)
mitbringen	mitnehmen	die Soße, -n	die Einkaufsliste, -n
das Hackfleisch (Sg)	die Tomate, -n	der Feiertag, -e	grillen
der Bäcker, -	versprechen		

I2 Geschäfte

Ergänzen Sie. Achten Sie auf die korrekte Form.

Buchhandlung • Marke • Kaufhaus • Laden • Kiosk • ~~nicht ..., sondern~~ • Markt • Drogerie • selten

1. Gemüse kaufe ich meistens *nicht* im Supermarkt, *sondern* auf dem ________.
2. Es gibt in der Innenstadt immer weniger kleine ________, sondern nur noch große Geschäfte von bekannten ________.
3. Kauf die Sonnencreme bitte in der ________. In der Apotheke ist sie viel teurer.
4. Den Füller habe ich im ________ in der Schreibwarenabteilung gekauft.
5. Frau Mayer bestellt ________ Bücher im Internet, sie geht lieber in eine ________.
6. Meistens kaufe ich mir auf dem Weg zur Arbeit eine Zeitung am ________.

I3 Hier gibt es ...

Was passt nicht?

1. In der Bäckerei gibt es
   Toast – ~~Eisch~~ – Weißbrot – Schwarzbrot – Brezeln – Brötchen – Baguette ...
2. Bei meinem Metzger (A: Fleischhauer) kriege ich
   Schweinefleisch – Rindfleisch – Kekse – Kalbfleisch – Lammfleisch – Speck ...
3. Auf dem Markt gibt es einen Verkaufsstand mit Geflügel. Dort findet man
   Putenfleisch (CH: Trutenfleisch) – Hähnchen (A: Hendel / CH: Poulet) – Enten – Forellen – Gänse ...
4. Beim Fischhändler bekommt man
   Fischsuppe – Fleisch – Hering – Forelle – Lachs ...

Lernwörter

das Kaufhaus, ¨-er	der Kiosk, -e	der Metzger, -	die Buchhandlung, -en
der Markt, ¨-e	kriegen	der Speck (Sg)	das Kalb(fleisch) (Sg)
nicht ..., sondern	selten	das Geflügel (Sg)	die Ente, -n

I4 Soll ich noch einkaufen gehen?

Ordnen Sie zu.

1. Soll ich noch einkaufen gehen?
2. Haben Sie das Fahrrad auch in einer anderen Farbe?
3. Kann ich die Bluse umtauschen?
4. Sind Sie an der Reihe?
5. Könnten Sie das Buch bitte als Geschenk einpacken?
6. Von wann bis wann haben Sie geöffnet?
7. Ich suche leichte Wanderschuhe in Größe 40.

a) Nein, die Dame ist vor mir dran.
b) Ja, aber beeil dich. Hier auf dem Dorf schließen die Geschäfte um 18 Uhr.
c) Ja, selbstverständlich. Welches Papier möchten Sie denn?
d) Leider nicht auf Lager, aber ich kann Ihnen das Modell in Blau bestellen, wenn Sie möchten.
e) Nein, leider nicht. Reduzierte Ware ist vom Umtausch ausgeschlossen.
f) Da kann ich Ihnen diese beiden Modelle anbieten.
g) Unsere Öffnungszeiten sind Montag bis Freitag von 9 bis 20 Uhr und samstags von 9 bis 16 Uhr.

1.	2.	3.	4.	5.	6.	7.
b)						

Ladenöffnungszeiten in Deutschland

Die Öffnungszeiten sind sehr unterschiedlich. In Berlin können Geschäfte werktags rund um die Uhr geöffnet haben. In Bayern nur von 6 bis 20 Uhr. Man findet aber fast überall einen Bäcker, der sonntags morgens frische Brötchen verkauft und auch einige Blumenläden öffnen sonntags ein paar Stunden. Ausnahmen gibt es auch für Tankstellen.

Lernwörter

die Dame, -n	das Lager, -	anbieten	die Bluse, -n
die Öffnungszeit, -en	reduziert	dran sein	an der Reihe sein
sich beeilen	umtauschen	einpacken	geöffnet (von ... bis)

15 Ich kauf mir was

Ergänzen Sie. Achten Sie auf die korrekte Form.

Schlange • ~~Gebrauchsanweisung~~ • Ware • Verkäufer • Selbstbedienung • Garantie • holen • aufheben • reduziert • bedienen • beachten • Schaufenster

1. Sie müssen die *Gebrauchsanweisung* genau ______________.
2. In dem ganzen Laden ist kein ______________, der einem helfen kann!
3. Bei uns auf der Post gibt es normalerweise immer eine lange ______________.
4. Der Pullover ist nicht ______________. Das ist aktuelle ________.
5. Die Rechnung musst du gut ______________, du hast zwei Jahre ______________.
6. Ich ________ Ihnen den Schuh gerne eine Nummer größer.
7. Haben Sie das Modell im ______________ auch in Größe 40?
8. Bitte keine ______________. Ich ______________ Sie gleich.

Preisschild • Tüte • reklamieren • etwas gegen • Rabatt • Prozent • günstig • ausgeben

9. Was kostet dieser Mantel? Ich finde kein ______________
10. Brauchen Sie eine ________ für den Salat?
11. Mit der Kundenkarte bekommt man drei ____________ ____________.
12. Das ist mir zu teuer. So viel Geld will ich nicht ______________.
13. Ich möchte das Gerät ______________. Es ist defekt.
14. Ich muss in der Apotheke noch __________ __________ meine Kopfschmerzen holen.
15. Der Preis ist wirklich ______________. Das ist bestimmt ein Sonderangebot.

Lernwörter

aufheben	ausgeben (für)	bedienen	die (Warte-)Schlange, -n
günstig	das Preisschild, -er	der Verkäufer, -	die Gebrauchsanweisung, -en
reklamieren	das Prozent, -e	das Schaufenster, -	die Selbstbedienung (Sg)
beachten			

I6 Tricks im Supermarkt

Ergänzen Sie. Achten Sie auf die korrekte Form. Adjektive sind manchmal im Komparativ.

~~Kasse~~ (A: Kassa) • je ... desto • Produkt • Tomate • Banane • Ware • Angebot • Eingang • speziell • genauso • komisch • direkt • lecker • frisch • Kunde • Tüte (A: Sackerl) • sich wohlfühlen

Kennen Sie das? Sie gehen in den Supermarkt, um Milch zu kaufen. Wenn Sie an der (1) *Kasse* stehen, haben Sie eine ganze (2) ________ voller Sachen gekauft. Der Handel verwendet viele Tricks, damit wir mehr (3) ________ kaufen, als wir wollten. Tricks sind beispielsweise:

Riesige Einkaufswagen

Die Einkaufswagen sind sehr groß. Wenige (4) ____________ sehen in den Wagen (5) ____________ aus, sodass man gerne noch etwas dazunimmt.

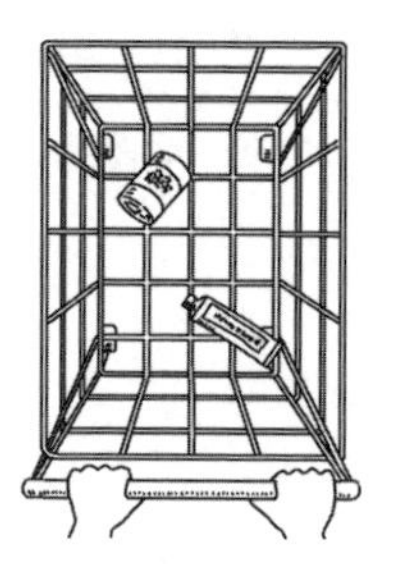

Spiegel und Lampen

Äpfel, (6) ____________, Gurken und (7) ____________ – Obst und Gemüse finden Sie meistens (8) __________ am (9) ____________. Alles sieht (10) __________ aus. So soll man das Gefühl bekommen, dass alle Produkte im Laden (11) ____________ frisch sind. (12) ____________ Lampen lassen Obst und Gemüse (13) __________ aussehen. Oft hängen über dem Obst und Gemüse auch Spiegel, sodass das (14) ____________ größer wirkt. Damit der (15) ________ (16) _______ auch in der hintersten Ecke (A: im hintersten Eck) des Ladens ______________, wird ebenfalls mit Licht gearbeitet. Denn (17) ___ wohler sich ein Kunde fühlt, ________ länger hält er sich im Supermarkt auf und kauft dann mehr.

sogar • Regal • Händler • Höhe • sogenannte • günstig • Sonderangebot • auffallen • vergleichen • preiswert • Schild • Zigarette • häufig • hoch • aufpassen • extra • Vorsicht

Was steht wo?

Teure Markenware steht im (18) ________ in (19) ________ der Augen. Darüber und darunter stehen die (20) ________________ Produkte. Dass man vor der Supermarktkasse meistens warten muss, nutzen die (21) ____________ aus. (22) ________ für Kinder gibt es dort Süßigkeiten. Aber auch für Erwachsene gibt es dort (23) ________________ Impulsware wie Süßigkeiten, Alkohol, Tabak und (24) ________________.

Auffällige Schilder

Ware, die (25) ____________, verkauft sich besser. Aber (26) __________ Sie _____. Nicht unter jedem (27) __________ auf dem „Aktion“ steht, gibt es ein echtes (28) ____________________. Oft ist die Ware nicht (29) ________________, sondern sie hat sogar einen (30) ____________ Preis.

Großpackungen

Ein (31) ______________ Trick ist, Waren in großen Packungen zu verkaufen. Doch (32) ______________: Oft hat die Ware in der normalen Verpackung denselben Preis oder sie ist (33) ________ billiger. (34) ________________ Sie deshalb immer die Preise.

Lernwörter (zu I6)

der Experte, -n	der Kunde, -n	komisch	das Produkt, -e
die Kasse, -n	die Banane, -n	direkt	frisch
der Eingang, ¨-e	speziell	lecker	sich wohlfühlen
die Vorsicht (Sg)	je … desto	günstig	die Höhe, -n
der Händler, -	die Zigarette, -n	der Tabak (Sg)	auffallen
aufpassen	preiswert	hoch	das Schild, -er
sogar	vergleichen	häufig	

I7 Bezahlen

Ergänzen Sie. Achten Sie auf die korrekte Form

Münze • Kreditkarte • Überweisung • Gebühr • Scheck • Banknote • bar • Bargeld • Franken • Geldschein • ~~Geldbeutel~~ • leihen • Kleingeld • Währung

1. Ich habe meinen *Geldbeutel* zu Hause liegen gelassen. Kannst du mir bis morgen 20 Euro __________?
2. So ein Mist! Der Automat nimmt den __________________ nicht. Kannst du mir wechseln?
3. Er warf eine __________ in den Brunnen. Das bringt angeblich Glück.
4. Ich habe nicht genug ____________ dabei. Kann ich auch per ___________ bezahlen?
5. Die _____________ der Schweiz heißt Franken. 100 Rappen sind ein _____________.
6. Es gibt keine 300-Euro-_______________.
7. ● Kann ich mit ____________________ bezahlen?
   ■ Nein, leider nur _____.
8. ________________________ am Serviceterminal kosten keine _______________.
9. Hast du ________________ für den Fahrkartenautomaten?

I8 Preisangaben

Ergänzen Sie das Gegenteil. (Es gibt einen Lesetrick.)

1. Die Gebühren steigen. ⟷ Die Gebühren (neknis) sinken.
2. Die Kosten sind hoch. ⟷ Die Kosten sind (girdein) ___________.
3. Das ist teuer. ⟷ Das ist (gitsnüg) ___________.
4. Das kostet etwas. ⟷ Das ist (sitarg) _________.

Lernwörter

die Münze, -n	der Franken, -	die Banknote, -n	der Geldbeutel, -
leihen	das Bargeld (Sg)	der Beitrag, ¨-e	gratis
steigen	sinken	hoch	tief
günstig			

I9 Kleidung, Wäsche und Schuhe

Unterstreichen Sie das richtige Wort oder die richtigen Wörter.

1. Meine Kinder müssen im Haushalt mithelfen: Sie müssen die *Wäsche/Bekleidung* aufhängen.
2. Die Angestellten der Fluggesellschaft tragen alle *eine Uniform / einen Anzug*.
3. Er trägt nur *Strumpfhosen/Jeans*, er hat gar keine anderen Hosen.
4. Sie trägt gerne rote *Unterwäsche/Socken* aus Seide.
5. Bei dem schlechten Wetter wäre *ein Bikini / ein Regenmantel* praktisch.
6. Hast du schon *die Badetücher / die Mäntel*, *deine Badehose / deine Mütze* und *meinen Bikini / meine Bluse* für den Strand eingepackt?
7. Dort liegt bestimmt noch Schnee. Nimm lieber ein Paar *Turnschuhe/Stiefel* mit.
8. Heute ist es sehr sonnig, setz lieber einen *Hut/Strumpf* auf, sonst kriegst du noch einen Sonnenstich.
9. Im Flugzeug binde ich mir immer einen *Schal/Badeanzug* um, sonst bekomme ich einen steifen Nacken.

I10 Der Knopf ist ab

Wie heißen die Wörter? Es gibt einen Lesetrick.

1. Der Knopf ist ab. Hast du eine (ledan) *Nadel* und einen schwarzen (nedaf) __________?
2. Das Tuch ist nicht aus Kunstfaser, sondern aus (edies) __________.
3. Der Pullover ist aus (renier) __________ (ellow) __________.
4. Der Stoff ist zu 100 % aus (ellowmuab) ______________.
5. Ich finde meinen Schlüssel nicht, ich glaube er ist in meiner (ehcsatnekcaJ) ____________________.

Lernwörter

der Stoff, -e	die Baumwolle (Sg)	die Wolle (Sg)	der Faden, ¨
die Nadel, -n	der Haushalt, -e	rein	die Wäsche (Sg)
die Uniform, -en	die Bluse, -n	der Regenmantel, ¨	die Jackentasche, -n
der Anzug, ¨-e	der Badeanzug, ¨-e	der Bikini, -s	die Badehose, -n
der Stiefel, -	der Turnschuh, -e	die Strumpfhose, -n	

I11 Das Kleid ist chic

Was passt? Kreuzen Sie an.

1. Wow, dein neues Kleid ist wirklich …
   ☒ chic. ☒ schön. ☒ hübsch.
2. Du hast aber auch einen … Anzug an.
   ☐ eleganten ☐ schicken ☐ schwarzen
3. Du musst dich umziehen. Dein T-Shirt ist total …
   ☐ schmutzig. ☐ dreckig. ☐ sauber.
4. Ich finde, das Kleid passt nicht zu dem Anlass. Es ist mir zu …
   ☐ bunt. ☐ sportlich. ☐ modisch.
5. Die Sängerin trug ein … Kleid.
   ☐ kurzes ☐ einfaches ☐ elegantes
6. Das Hemd würde ich nicht mehr anziehen. Der Kragen ist zu …
   ☐ altmodisch. ☐ hübsch. ☐ modern.
7. Der Stoff ist …
   ☐ bunt. ☐ farbig. ☐ einfarbig.

I12 Das steht Ihnen gut

Ergänzen Sie. Achten Sie bei Verben auf die korrekte Form.

tragen • anprobieren • anhaben • passen • passen zu • Kabine • umziehen • medium • ~~stehen~~

1. Rosa *steht* Ihnen wirklich gut.
2. Die Hose ________ nicht. Können Sie sie mir bitte in __________, bringen?
3. Man darf nur drei Teile in die __________ mitnehmen.
4. Mein Mann ________ im Büro immer Hemden.
5. Wir müssen um acht Uhr los. Ich muss mich noch ____________.
6. Was meinst du, ________ die Krawatte ___ dem Hemd?
7. Das Publikum schaute darauf, welches Kleid die Prinzessin ___________.
8. Ich möchte die Hose __________________. Wo sind die Umkleidekabinen?

Lernwörter

chic/schick	bunt	sportlich	elegant
einfach	die Kabine, -n	passen zu	anhaben
tragen	anhaben	stehen	das Publikum (Sg)
umziehen	anprobieren		

I13 Schmuck

Ergänzen Sie.

Schmuck • ~~normalerweise~~ • Batterie • stehlen • echt • Kette • Uhr • Gold • Silber

1. Sie trägt *normalerweise* wenig *Sch*________, meistens nur eine Uhr, ihren Ehering und manchmal eine *K*_______.
2. Stimmt es, dass dem Präsidenten der USA die *U*____ *gest*________ wurde?
3. Die Perlenkette ist nicht *e*______. Das ist nur Modeschmuck.
4. Schmuck aus *S*_________ steht mir nicht so gut, ich muss *G*______ tragen.
5. Ich brauche eine neue *B*___________ für meine Uhr.

I14 Werkzeug

Wie heißen die Gegenstände? Ergänzen Sie mit dem bestimmten Artikel.

Nagel • Wasserwaage • ~~Werkzeug~~ • Dübel • Schraube • Säge • Schraubenzieher • Klebstoff • Schnur • Schere • Bohrmaschine • Hammer • Zange • Haken • Pinsel

1. *das Werkzeug*

2. ______________

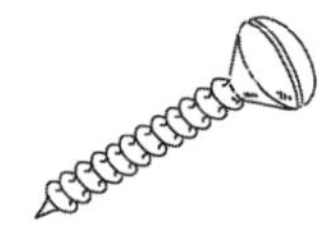

3. ______________

4. ______________

5. ______________

6. ______________

7. ______________

8. ______________

9. ______________

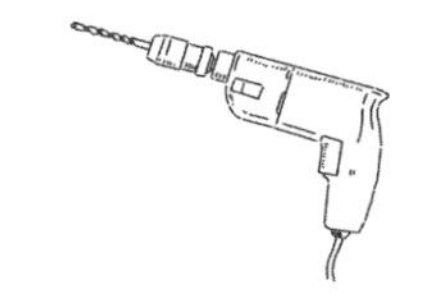

10. ______________

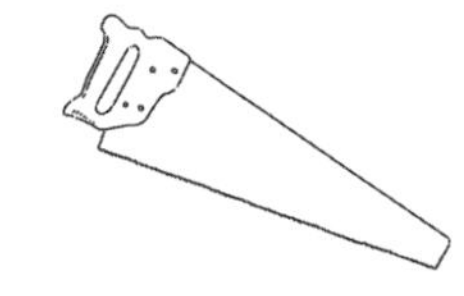

11. ______________

12. ______________

13. ______________

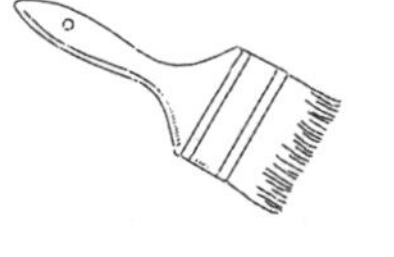

14. ______________

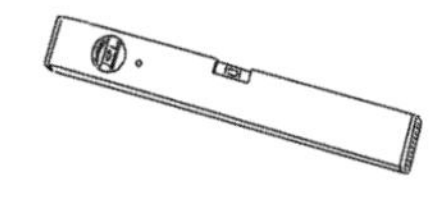

15. ______________

Lernwörter

der Schmuck (Sg)	der Ring, -e	die Kette, -n	das Silber
das Gold	die Batterie, -n	stehlen	normalerweise
die Zange, -n	der Hammer, -	der Nagel, ¨	die Schraube, -n
die Schere, -n	die Schnur, ¨e	der Klebstoff, -e	das Werkzeug (nur Sg)

J. Post, Behörden, Bank, Polizei und Feuerwehr

J1 Briefe und Post

Ergänzen Sie. Vergessen Sie nicht den bestimmten Artikel!

Postleitzahl • ~~Briefumschlag~~ • Anschrift/Adresse • Briefmarke • Absender

1. *der Briefumschlag*
2. ______________
3. ______________
4. ______________
5. ______________

Päckchen • Schalter • Paket • Briefkasten • Briefträger • Ansichtskarte

6. ______________

7. ______________

8. ______________

9. ______________

10. ______________

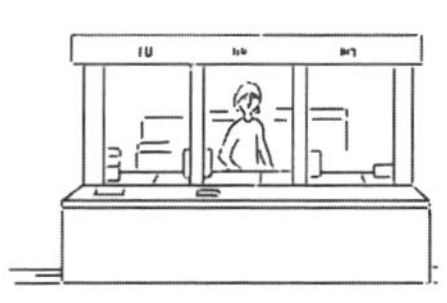

11. ______________

Tipp

-chen* und *-lein

Wörter mit der Endung ***-chen*** und ***-lein*** haben immer den Artikel das (neutral):
das *Päck**chen***, ***das*** *Mäd**chen***, ***das*** *Brief**lein*** (= kleiner Brief).

Lernwörter

die Ansichtskarte	das Päckchen, -	der Briefträger, -	der Briefkasten, ¨-en
der Schalter, -	der Absender, -	die Postleitzahl, -en	

J2 Auf der Post

Ergänzen Sie. Achten Sie auf die korrekte Form.

~~EU~~ • Europa • aufgeben • abholen • schicken • Empfänger • Ausland • Formular • Höchstgewicht • Abholschein • postlagernd • Schalter • schwer • Express • Cent • erhalten • kriegen • ausfüllen • bekommen • ausreichend frankieren • kleben • Postfach

1. Für Päckchen außerhalb der *EU* müssen Sie eine Zollerklärung *a*__________.
2. Das Paket können Sie am Schalter nebenan *a*__________.
3. ● Kann ich das hier noch als Päckchen *sch*__________?
   ■ Nein, die Sendung ist zu *sch*__________. Das *H*__________ für Päckchen ist zwei Kilo. Das geht nur als Paket. Sie müssen dann noch dieses *F*__________ ausfüllen.
4. Geben Sie mir bitte einen Paketschein für das *A*__________?
5. ● Ich möchte ein Paket *a*__________.
   ■ Da brauche ich den *A*__________ und Ihren Pass oder Personalausweis.
6. *P*__________ bedeutet, dass die Sendung an ein bestimmtes Postamt adressiert ist und dort vom *E*__________ abgeholt wird.
7. ● Kann ich bei Ihnen Sondermarken *b*__________?
   ■ Nein, leider nicht, die *k*__________ Sie am *Sch*__________ nebenan.
8. ● Ich habe Ihre Sendung noch nicht *e*__________.
   ■ Unglaublich! Ich habe sie am Freitagmorgen per *E*__________ verschickt.
9. Bei der Adresse gibt es keine Straße, das ist ein *P*__________.
10. ● Was heißt denn „*a*__________ *f*__________"?
    ■ Die richtige Briefmarke auf die Karte *k*__________. Das Porto für Postkarten innerhalb *E*__________ ist 65 *C*__________.

Lernwörter

das Gewicht, -e	der Empfänger, -	das Ausland (Sg)	die EU (Sg)
abholen	aufgeben	kriegen	ausfüllen
kleben	erhalten	frankieren	Express
ausreichend	das Postfach, ¨-er	das Formular, -e	

J3 Ämter und Dokumente

Was passt nicht?

1. *die Aufenthaltsgenehmigung* — ist gültig – ~~ist versäumt~~ – wird ausgestellt
2. *eine Frist* — versäumen – verlängern – erkundigen
3. *ein Visum* — verkürzen – ausstellen – verlängern
4. *eine Auskunft* — geben – bekommen – ausstellen
5. *einen Antrag* — stellen – informieren – ausfüllen
6. *einen Antrag* — einhalten – ablehnen – genehmigen
7. *eine Bestätigung* — bekommen – erhalten – erlauben
8. *einen Stempel* — bekommen – erhalten – stellen
9. *ein Formular* — erhalten – ausfüllen – versäumen
10. *einen Kursbesuch* — bestätigen – ausstellen – bewilligen
11. *Asyl* — erhalten – beantragen – anmelden

J4 Behörden und Konsulat

Ergänzen Sie. Achten Sie auf die korrekte Form.

~~Konsulat~~ • Ausland • Dokument • Fundbüro • um Asyl bitten • Ausländer • Botschaft

1. Mein Visum ist abgelaufen, ich muss zum Konsulat.
2. Die ______________ ist die Vertretung eines Landes im ______________.
3. Ein Österreicher ist in Japan ______________.
4. Die Zahl der Menschen, die in Deutschland momentan ____ ______ ________, nimmt zu.
5. Weißt du wie die Öffnungszeiten des ______________ sind?
6. Sie müssen die ______________ ins Deutsche übersetzen lassen.

Lernwörter

gültig	besitzen	erhalten	versäumen
ablehnen	bestätigen	das (Antrags-)Formular, -e	die Auskunft, ¨-e
der Antrag, ¨-e	einen Antrag stellen	das Dokument, -e	der Stempel, -
kontrollieren	das Asyl (Sg)	um Asyl bitten	das Ausland (Sg)

J5 Telefonieren und faxen

Ergänzen Sie. Achten Sie auf die korrekte Form.

Ruhe • Nachricht • per • ~~Mobiltelefon~~ • Handy • abheben • Faxgerät • telefonieren • ausschalten • während • auflegen • Anruf • sich verwählen • sprechen mit • erreichen • wählen • zurückrufen • Vorwahl • Verbindung • Anrufbeantworter • Auskunft

1. In der Klinik müssen Sie Ihr *Mobiltelefon* ausschalten.
2. ______ bitte nicht ____, wenn das Telefon klingelt. Ich möchte in ________ arbeiten.
3. Sein Handy war nicht ________________________ und es klingelte ____________ des Konzerts.
4. Ich habe leider kein _______________, aber Sie können mir eine E-Mail schicken.
5. Bei meinem __________ ist der Akku leer. Kann ich mit deinem ______________________?
6. Du, ich muss jetzt auflegen. Ich warte auf einen wichtigen __________.
7. ● _____________ ich _____ Herrn Techmer?
   ■ Nein, tut mir leid. Da haben Sie _______ _______________.
8. Ich verstehe dich kaum, die ___________________ ist ganz schlecht.
9. In Notfällen können Sie mich auch _____ Handy ________________.
10. Dies ist der ______________________________ von Bärbel Jeck. Bitte hinterlassen Sie eine ________________. Ich _______ Sie umgehend ___________.
11. Ich muss _______________, das Meeting beginnt gleich.
12. Die _____________ von München ist 089. Wenn du aus dem Ausland anrufst, darfst du nach der 0049 keine 0 mehr ___________.
13. ● Weißt du die Nummer der _______________?
    ■ Ja, 11833.

! Tipp

E-Mail
Wie schreibt man ***E-Mail***? Die einzige korrekte Schreibung ist ***E-Mail***. Der Artikel ist ***die E-Mail*** (CH und A auch ***das***). Wer Mails verschickt, ***mailt***.

Lernwörter

wählen	ausschalten	abheben	auflegen
erreichen	zurück(-rufen)	die Nachricht, -en	der Anrufbeantworter, -
der Anruf, -e	erreichen	die Vorwahl, -en	die Verbindung, -en
die Ruhe (Sg)	per	das Handy, -s	das Faxgerät, -e
während	das Mobiltelefon, -e		

J6 E-Mail und SMS

Unterstreichen Sie die passenden Wörter.

1. Hier gibt es kein *Fax/Internet*. Da kann ich keine E-Mails *checken/surfen*.
2. VW und BMW haben *verboten/vereinbart*, dass Mitarbeitern nach Arbeitsende und am Wochenende keine Mails mehr *gesendet/gelöscht* werden.
3. Tipps für den Umgang mit dem Internet im Büro: Gehen Sie erst *nach Hause / online*, wenn Sie wissen, was Sie *erledigen/mailen* müssen. *Senden/Löschen* Sie weniger Mails, dann bekommen Sie auch weniger.
4. Er hat immer einen Extra-Akku für seinen *Laptop/Taschenlampe* in der Tasche.
5. Das Telefon geht wieder. Der *Stecker/Hörer* war nicht richtig eingesteckt.
6. Wo ist *das Kabel / der Link* für den Beamer?
7. Das Internet wird bald schneller. Es werden neue *Leitungen/Schnüre* verlegt.
8. Von diesem Apparat kann man nur *Ortsgespräche/Chats* führen.
9. Einen Moment bitte. Ich *verbinde/twitter* Sie mit Herrn Lautner.
10. Ich muss *den Hörer / das Kabel* kurz ablegen, um die Unterlagen zu holen.
11. Der *Tarif / Computer* bei unserem Anbieter ist leider nicht günstig.
12. Kannst du mal *googeln / erledigen*, wo das Hotel genau liegt?
13. Wenn es zu aktuellen Themen einen Chat gibt, *chatte / faxe* ich gerne.
14. Wenn du auf die Homepage gehst, findest du *die SMS / den Link*.

Lernwörter

das Internet (Sg)	der Laptop, -s	die (Telefon-)Leitung, -en	der Stecker, -
das Kabel, -	checken	erledigen	vereinbaren
verbinden	googeln	chatten	der Anbieter, -
löschen	der Link, -s	der Tarif, -e	die Schnur, ¨-e
der Anbieter, -	die SMS, -en	surfen	

J7 Am Geldautomaten

Ergänzen Sie. Achten Sie auf die korrekte Form.

~~Kreditkarte~~ • EC-Karte • Geldautomat • Geld abheben • bezahlen • eingeben • Geheimzahl

- Ich konnte auf Korsika mit meiner (1) *Kreditkarte* am (2) ______________ kein Geld holen, weil ich meine (3) ______________ vergessen habe.
- Und was hast du dann gemacht?
- Mein Mann alles (4) ______________. Aber stell dir vor, dann wollte er (5) ________ ______________ und hat dreimal die falsche PIN-Nummer (6) ______________ und dann war seine (7) ______________ weg.

J8 Auf der Bank

Was passt? Kreuzen Sie an.

1. Man kann Geld auf ein Konto ...
   ☒ überweisen ☒ einzahlen ☐ sparen
2. Man kann Geld ... einzahlen.
   ☐ bei der Bank ☐ am Geldautomaten ☐ am Schalter
3. Man kann ein Konto ...
   ☐ eröffnen ☐ überweisen ☐ haben
4. Man kann einen Scheck ...
   ☐ einlösen ☐ auszahlen lassen ☐ ausstellen
5. Man kann Zinsen ...
   ☐ bekommen ☐ bezahlen ☐ wechseln
6. Man kann Schulden ...
   ☐ machen ☐ abbezahlen ☐ haben

Lernwörter

einzahlen	überweisen	eröffnen	das Konto (Sg), Konten
der Scheck, -s	sparen	der Kredit, -e	Geld abheben
der Schalter, -	der Zins, -en	die Schulden (Pl)	

J9 Polizei und Feuerwehr

Ergänzen Sie. Achten Sie auf die korrekte Form.

Parkverbot • Verkehr • Sicherheit • Krankenwagen (A: Rettung) • Anzeige • Tote • ~~Polizist~~ • Polizeikontrolle • Strafzettel • stehlen • Feuerwehr • stehen bleiben

1. Ein *Polizist* (A: Gendarm) regelte nach dem Unfall den ___________.
2. Hier dürfen Sie nicht parken (CH: parkieren). Hier ist ___________.
3. David wurde sein Rad ___________ und er machte eine ___________ bei der Polizei.
4. Für die ___________ der Besucher gab es viele ___________.
5. Mist, ich habe einmal falsch geparkt und gleich einen ___________ bekommen.
6. Hier dürfen Sie nicht ___________ ___________, hier ist Halteverbot.
7. Wenn es brennt, bringt die ___________ zuerst die Menschen außer Gefahr.
8. Fahr rechts ran, da kommt ein ___________ mit Blaulicht.
9. Bei dem schweren Unfall gab es zwei ______.

J10 Verbrecher bestrafen – Brände löschen ...

Finden Sie die Verben und ergänzen Sie.

~~klöschen~~dffkdverhindernjdkdbestrafendkdtbekommendr
kdmhuholendeztemhabengfrettenkdueeszttdtötensjsdm

1. den Brand *löschen*
2. eine Strafe ___________
3. Hilfe ___________
4. einen Verbrecher ___________
5. die Verletzten ___________
6. ein Opfer ___________
7. eine Verletzung ___________
8. Gewalt ___________

Lernwörter

der Verkehr (Sg)	der/die Polizist/in	die Anzeige, -n	das Parkverbot, -e
retten	der Krankenwagen, -	stehlen	die Sicherheit (Sg)
der Notarzt, ¨-e	der Verletzte, -n	die Feuerwehr, -en	stehen bleiben
bestrafen	der Verbrecher, -	die Verletzung, -en	die Strafe, -n
die Gewalt (Sg)	der Tote, -n	verhindern	

K. Schule, Ausbildung und Beruf

K1 Das deutsche Schulsystem

Ergänzen Sie.

dauern • Abitur • in der Regel • bereits • Schulsystem • ~~Kindergarten~~ • vorbereiten auf • Fach • Lehre • entweder ... oder • unterschiedlich • Ausbildung • Realschulabschluss • Universität • Schuljahr • Grundschule • studieren • Betrieb • Jugendliche • Gymnasium • Note

In Deutschland besuchen Kinder in der Regel mit drei Jahren den (1) *Kindergarten*. Meistens werden sie dort (2) ______ im letzten Jahr (3) ______ die Schule ______. Mit sechs Jahren gehen die Kinder dann in die (4) ______. Die Grundschule (5) ______ in Deutschland (6) ___ ___ ___ vier Jahre. Für den Wechsel auf die weiterführenden Schulen sind vor allem die (7) ______ in den (8) ______ Deutsch, Mathematik und Heimat- und Sachkunde wichtig. Die Kinder besuchen dann ab der 5. Klasse (9) ______ die Mittelschule, die Realschule oder das (10) ______. Wer auf die Mittelschule geht, kann nach dem 9. (11) ______ seinen Mittelschulabschluss machen und eine (12) ______ beginnen. Diese (13) ______, z. B. zur Verkäuferin oder zum Friseur, dauert meistens drei Jahre. Während ihrer Ausbildung in einem (14) ______ besuchen die (15) ______ auch die Berufsschule. Jugendliche, die auf die Realschule gehen, machen nach der 10. Klasse den (16) ______. Danach kann man dann entweder auch eine Ausbildung beginnen oder eine Fachoberschule besuchen, um später an der Fachhochschule zu (17) ______. Wer das Gymnasium besucht, macht in den meisten Bundesländern nach der 12. Klasse das (18) ______ (A: Matura) und kann dann an einer (19) ______ studieren. Das deutsche (20) ______ wird häufig kritisiert, weil die Kinder sehr früh, meist mit zehn Jahren, auf die (21) ______ Schulformen aufgeteilt werden.

Lernwörter

bereits	vorbereiten (auf)	in der Regel	unterschiedlich
das Fach, ¨-er	entweder ... oder	die Lehre, -n	die Grundschule, -n
das (Schul-)System, -e	die Ausbildung, -en	der Betrieb, -e	der Jugendliche, -en
das Bundesland, ¨-er	das Abitur (Sg)	das Gymnasium, Gymnasien	

K2 Schreibwaren und Schulausstattung

Ergänzen Sie mit dem bestimmten Artikel.

Schnellhefter • Federmäppchen • ~~Schultasche~~ • Rucksack • Schwamm • Tafel • Mappe • Block • Bleistift • Heft • Lineal • Spitzer • Radiergummi • Klebestift • Geodreieck • Beamer • Whiteboard

1. *die Schultasche*
2. ______
3. ______

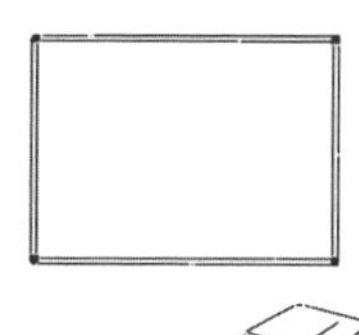

4. ______
5. ______
6. ______
7. ______
8. ______
9. ______

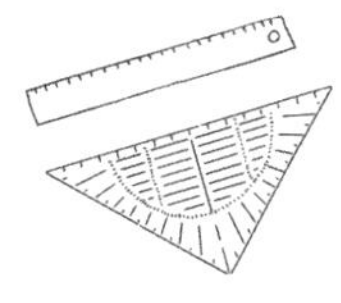

10. ______
11. ______
12. ______
13. ______
14. ______
15. ______
16. ______
17. ______

K3 Noch mehr Schreibwaren und Schulausstattung

Ergänzen Sie mit dem bestimmten Artikel.

Filzstift • Flipchart • Ordner • ~~Füller~~ • Kugelschreiber • Arbeitsblatt • Wasserfarben

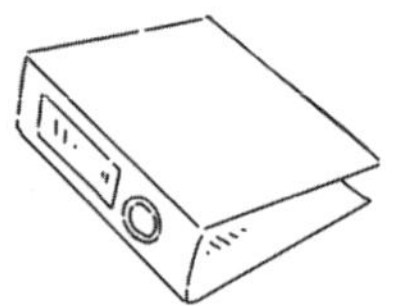

1. *der Füller* ______
2. ______
3. ______
4. ______

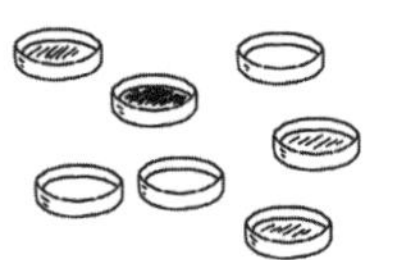

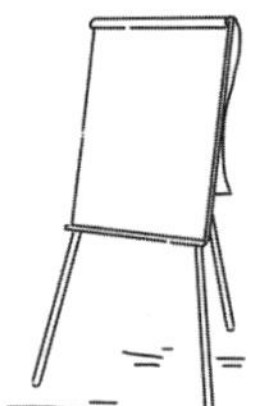

5. ______
6. ______
7. ______

K4 Unterrichts- und Schulaktivitäten (1)

Finden Sie zwölf Verben.

Xhsbastelnddzlernenshlesenoigägaufschreibenküskgklksnotierensäankreuzenhvz

Qemitschreibendzrechnendaldeotzeichnensprmmalenxusksingenykrekzuordnengz

1. *basteln* ______
2. *l* ______
3. *l* ______
4. *a* ______
5. *n* ______
6. *a* ______
7. *m* ______
8. *r* ______
9. *z* ______
10. *m* ______
11. *s* ______
12. *z* ______

Lernwörter

der Schwamm, ¨-e	der Rucksack, ¨-e	die Schultasche, -n	die Tafel, -n
die Mappe, -n	der Block, ¨-e	der Kugelschreiber, -	zeichnen
basteln	mitschreiben	aufschreiben	notieren
zuordnen			

K5 Unterrichts- und Schulaktivitäten (2)

Ergänzen Sie. Achten Sie auf die korrekte Form.

anmelden • unterrichten • korrigieren • abschreiben • ~~merken~~ •
aufpassen • konzentrieren • erklären • notieren • sich melden •
Hausaufgaben • Unterricht • Schulfach • Glaube

1. Ein Vorschulkind sollte sich drei Sachen *merken* können.
2. Die Eltern müssen ihre Kinder in der Schule ________.
3. ________ du Max noch einmal, wie er den Stift halten soll?
4. Weil Max im Unterricht laut war, musste er einen Text ________.
5. Wenn du im Unterricht gut ________, dich ________ und deine ________ immer machst, musst du vor der Probe nicht so viel lernen.
6. ________ euch bitte die Hausaufgaben.
7. Rufe nicht rein! Wenn du die Antwort weißt, ________ ________!
8. ________ du die Aufgaben bitte selbst, hier sind die Lösungen.
9. Ich ________ gerne die erste Klasse, da sind die Schüler so interessiert.
10. Religion ist in Deutschland ________. Schüler mit anderem ________ oder ohne Konfession nehmen am Ethik-________teil.

K6 Unterrichtsfächer

Finden Sie neun Unterrichtsfächer.

RE • MIE • GION • LA • LO • ~~MA~~ • SCHICH • ~~THE~~ • SIK • PHY • ~~MA~~ • PHIE •
~~TIK~~ • ENG • GEO • GIE • LISCH • GRA • BIO • GE • TE • TEIN • CHE • LI

1. *Mathematik*	2. *E*	3. *G*
4. *P*	5. *B*	6. *G*
7. *L*	8. *C*	9. *R*

Lernwörter

abschreiben	merken	aufpassen	korrigieren
anmelden (für)	das Schulfach, ¨-er	der Unterricht (Sg)	die Mathematik (Sg)

K7 Arbeitsanweisungen verstehen (1)

Notieren Sie die Satzteile in der richtigen Reihenfolge.

Sie • Ordnen • zu. • die Sätze

1. *Ordnen Sie die Sätze zu.*

richtige Lösung. • gibt es • Für jede Aufgabe • nur eine

2. ______________________________

wie • Hilfsmittel • benutzt werden. • Handys oder Wörterbücher • dürfen nicht

3. ______________________________

____

eine Einleitung • zu der Geschichte. • Schreiben Sie • und einen Schluss

4. ______________________________

____

auf dem Antwortbogen • Kreuzen • die richtige Lösung • an • Sie

5. ______________________________

zu einem Artikel. • Kommentare • Sie lesen

6. ______________________________

sieben • Lösen Sie • Aufgaben.

7. ______________________________

bei jeder Aufgabe • Wählen Sie • die richtige Lösung.

8. ______________________________

Lernwörter

die Aufgabe, -n	die Lösung, -en	lösen	die Anzeige, -n
zuordnen	das Hilfsmittel, -	die Einleitung, -en	der Schluss, ¨-e
das Handy, -s	der Kommentar, -e	der Artikel, -	wählen

K8 Arbeitsanweisungen verstehen (2)

Notieren Sie die Sätze.

1. *Der Moderator der Sendung diskutiert mit zwei Gästen.*

dermoderatordersendungdiskutiertmitzweigästen

2. ______

dasmodulhörenbestehtausvierteilen

3. ______

schreibensieetwaszuallenvierpunkten

4. ______

______

übertragensiedielösungenaufdenantwortbogen

5. ______

______

erklärensiedeninhaltunddiestrukturihrerpräsentation

6. ______

achtensieaufdentextaufbau

7. ______

reagierensieaufdierückmeldung

Zertifikatprüfung B1
Alle Arbeitanweisungen der Übungen K7 und K8 sollten Sie bei der Prüfung Zertifikat B1 verstehen.

Lernwörter

diskutieren (mit) über	der Teil, -e	der Inhalt, -e	die Sendung, -en
die Präsentation, -en	reagieren		

K9 Prüfungen

Ergänzen Sie. Achten Sie auf die korrekte Form.

benotet • mündlich • schriftlich • anerkennen • vorbereiten • bestehen • ~~erreichen~~ • Resultat • durchschnittlich • Zertifikat • schaffen • bewerten • Kursteilnehmer • Examen • Prüfung • Diplom • Zeugnis • Hochschule • lösen • Referat

1. Wenn Sie 60 Prozent der Punkte *erreichen*, haben Sie den Test b__________.
2. Sie erfahren das R__________ Ihrer Prüfung in zwei Tagen.
3. Ich bin mir sicher, Sie werden die Prüfung sch__________.
4. Ich kann Ihre Aufgaben nicht b__________, wenn ich Ihre Schrift nicht lesen kann.
5. 50 Prozent der K__________ haben die P__________ bestanden.
6. Sind Sie auf die Prüfung gut v__________?
7. Bei den Tests fallen d__________ 20 Prozent der Teilnehmer durch.
8. Nach der bestandenen Prüfung erhalten Sie ein Z__________.
9. Kann man das E__________ wiederholen, wenn man durchgefallen ist?
10. Ich hoffe, dass mein D__________ in Österreich a__________ wird.
11. Du musst dein Z__________ vorlegen, wenn du dich an einer H__________ einschreibst.
12. Ist die Prüfung nur sch__________ oder auch m__________?
13. Ich l______ Übungstests, um mich auf die Prüfung vorzubereiten.
14. Martin und Simon haben für ihr Geographie-R__________ eine gute Note bekommen.
15. Die Klassenarbeiten wurden streng b__________.

Lernwörter

das Resultat, -e	vorbereiten (auf)	durchschnittlich	lösen
erreichen	schaffen	(nicht) bestanden	der (Kurs-)Teilnehmer, -
anerkennen	das Examen, -	die Prüfung, -en	die Hochschule, -n
mündlich	schriftlich		

K10 Im Deutschkurs

Unterstreichen Sie das richtige Wort.

1. Kennst du einen anderen *Ausdruck* / *Buchstaben* für Antonym?
2. Bei dieser Frage sollten Sie am Ende *die Stimme* / *das Fremdwort* anheben.
3. *Das Zeichen* / *Das Fremdwort* Ketchup kannst du mit oder ohne „s" schreiben.
4. Ich muss *eine Zusammenfassung* / *einen Satz* des Textes schreiben.
5. Sie können für diese Übung *ein Wörterbuch* / *eine Übersetzung* verwenden.
6. *Meinen* / *Begründen* Sie Ihre Meinung.
7. Ich verstehe das nicht. Können Sie mir das *nennen* / *übersetzen*?
8. Können Sie mir noch ein Beispiel *nennen* / *zusammenfassen*?
9. Sie spricht *fließend* / *positiv* Deutsch.
10. Die Übersetzung *fällt mir leider nicht ein* / *buchstabiere ich*.
11. Können Sie mich bitte beim Sprechen *korrigieren* / *prüfen*?
12. Deutsch ist *seine Muttersprache* / *sein Dialekt*.
13. Sie lernt *Deutsch als Zweitsprache* / *Kommunikation*.

K11 Rätsel rund um Schule und Studium

Wie heißen die Wörter?

1. ein anderes Wort für Schulanfang (nnigebluhcS): Schulbeginn
2. das Wissen, das man von etwas hat (essintnneK): ______
3. so nennt man den Leiter einer Schule (rotkeriD): ______
4. Zeit, in der an der Universität gelehrt wird (retsemeS) ______

Lernwörter

die Stimme, -n	nachdenken	der Ausdruck, ¨-e	das Fremdwort, ¨-er
fließend	einfallen	korrigieren	verbessern
die Zusammenfassung, -en	begründen	meinen	die Übersetzung, -en
der Direktor, -en	nennen	der Dialekt, -e	übersetzen
die Kommunikation (Sg)	die Kenntnis, -se	der Schulbeginn (Sg)	das Semester, -

K12 Berufsbezeichnungen

Ordnen Sie zu und ergänzen Sie den bestimmten Artikel.

Stewardess • ~~Busfahrerin~~ • Automechaniker • Bauarbeiter • Arzthelferin • Hausfrau • Bäcker • Sekretärin • Polizistin

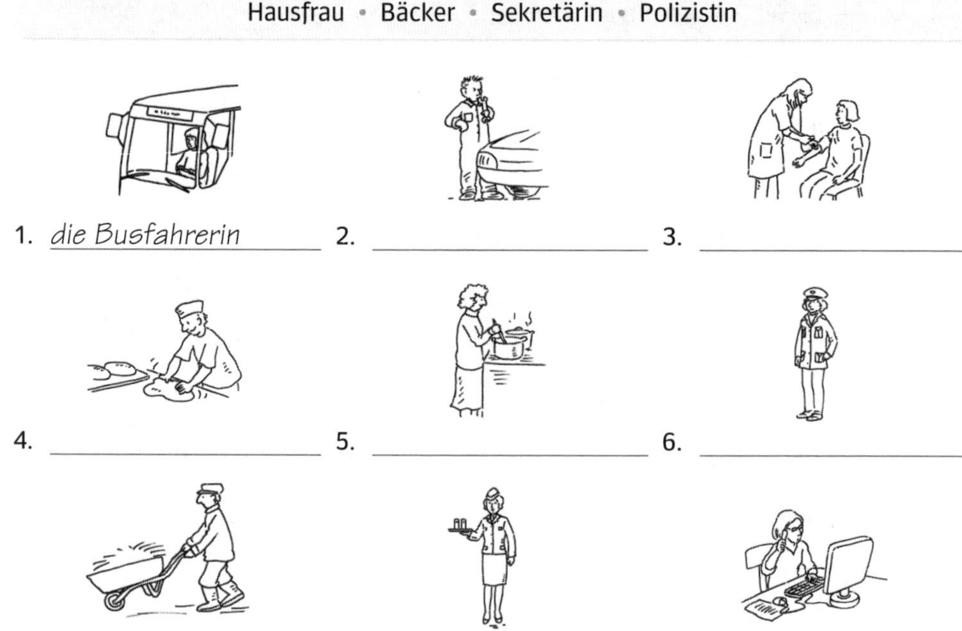

1. *die Busfahrerin* 2. ______ 3. ______

4. ______ 5. ______ 6. ______

7. ______ 8. ______ 9. ______

K13 Was ist er von Beruf?

Ergänzen Sie.

Verkäufer • Lehrer • Raumpflegerin / Putzfrau • ~~Feuerwehrmann~~ • Friseurin (CH: Coiffeurin)

1. Er rettet Unfallopfer aus Fahrzeugen und löscht Brände. Er ist *Feuerwehrmann*.
2. Sie reinigt Büros: Sie muss staubsaugen, Papierkörbe leeren und Staub wischen. Sie ist ______.
3. Er unterrichtet an einer Grundschule. Er ist ______.
4. Er bedient und berät Kunden in einem Geschäft. Er ist ______.
5. Sie wäscht, schneidet und föhnt Haare. Sie ist ______.

K14 Berufsgruppen

Ergänzen Sie.

~~Pilot / Pilotin~~ • Arzt / Ärztin • Elektriker / Elektrikerin • Florist / Floristin • Metzger / Metzgerin • Installateur / Installateurin • Taxifahrer / Taxifahrerin • Architekt / Architektin • Krankenpfleger / Krankenschwester • der Maler / die Malerin

1. Verkehr

der Pilot / die Pilotin

____
____
____
____
____

2. Gesundheit

____
____
____
____
____
____

3. Handel

____
____
____
____
____
____

4. Baugewerbe

____
____
____
____
____
____

Lernwörter

der Polizist, -en	der Verkäufer, -	der (Bau-)Arbeiter, -	der (Bus-)Fahrer, -
der Sekretär, -e	der Hausmann, ¨-er	die Hausfrau, -en	reinigen
der Bäcker, -	das Opfer, -	der Elektriker, -	der Maler, -
der Architekt, -en	der Installateur, -e	retten	beraten
bedienen	gießen	Haare föhnen	unterrichten
wischen	staubsaugen	leeren	
der (Auto-)Mechaniker, -	der Krankenpfleger, -	die Krankenschwester, -n	

K15 Rund um den Beruf

Ergänzen Sie. Achten Sie auf die korrekte Form.

Job • Arbeitsplatz • ~~Beruf~~ • Stelle • Computerspezialist • Beamte • berufstätig • selbstständig • Angestellte • sich auskennen

1. Er ist Physiker von *Beruf* und arbeitet jetzt als Lehrer.
2. Weil er keine feste __________ gefunden hat, hat er sich ____________________ gemacht.
3. Polizisten und Lehrer sind in Deutschland __________.
4. Sie hat in den Semesterferien einen _____ als Kellnerin.
5. Leider ist mein ____________________ jetzt in dem neuen Großraumbüro.
6. Sind Sie ____________________ oder selbstständig?
7. Da _________ ich _______ nicht _____, frag doch Herrn Löw, er ist unser ______________________________.
8. Frau Tim ist momentan nur halbtags ____________________.

K16 Wie ist deine neue Arbeit?

Ergänzen Sie das Gegenteil.

gefährlich • angenehm • ~~langweilig~~ • anstrengend • geistig arbeiten

1. interessant ⟷ *langweilig*
2. leicht ⟷ ______________________________
3. unangenehm ⟷ ______________________________
4. ungefährlich ⟷ ______________________________
5. körperlich arbeiten ⟷ ______________________________

Lernwörter

selbstständig	der Angestellte, -n	die Stelle, -n	der Beamte, -n
der Arbeitsplatz, ¨-e	der Beruf, -e	der Spezialist, -en	anstrengend
(un-)angenehm	(un-)gefährlich	sich auskennen	

K17 Berufliche Aufgaben

Ergänzen Sie. Achten Sie auf die korrekte Form.

verkaufen • entwickeln • leiten • ~~machen~~ • Stress • Projekt • Verantwortung • Organisation • Aufgabe • Bereich • Sitzung

1. ● Und was *machen* Sie?
   ○ Ich habe neue ______________ im Bereich Marketing.
2. Wer ist für die ______________ der Tagung verantwortlich?
3. Der ______________ Handy wurde an einen ausländischen Investor ______________.
4. Wer ______________ den Bereich Automobiltechnik, ist das noch Herr Dr. Schmidt?
5. Für das neue ______________ müssen noch Mitarbeiter eingestellt werden.
6. Die ______________ fängt etwas später an, weil Herr Dr. Rau im Stau steht.
7. Die Software für dieses Problem muss erst ______________ werden.
8. Die Frage ist, wer trägt die ______________ für die Missstände?
9. Ich bin im ______________, weil meine Präsentation noch nicht fertig ist.

K18 Arbeitsplätze und -orte

Ergänzen Sie. Achten Sie auf die korrekte Form.

1. Es stört mich, dass ich keinen festen (ztalpstiebrA) *Arbeitsplatz* im Büro habe.
2. Die Firma Rettenberger ist ein kleiner (beirteB) ______________ mit zwölf Mitarbeitern.
3. Er hat sich als Schreiner selbstständig gemacht und hat eine eigene (ttatskreW) ______________.
4. Die (amriF) ______________ Siemens hat ihren Hauptsitz in München.
5. In dieser (kirbaF) ______________ werden Turngeräte produziert.
6. Sie arbeitet im Supermarkt an der (essaK) ______________.

Lernwörter

der Bereich, -e	die Aufgabe, -n	leiten	der Arbeitsplatz, ¨-e
der Betrieb, -e	die Werkstatt, ¨-en	die Fabrik, -en	die Organisation. -en
die Kasse, -n			

K19 Arbeitssuche

Ergänzen Sie. Achten Sie auf die korrekte Form.

sich bewerben um • Auftrag • Stellenangebot • sich vorstellen • arbeitslos • wechseln • ~~finden~~ • kündigen • Entlassung

1. Es ist nicht schwierig, eine Stelle als Erzieherin zu *finden*.
2. Walter möchte gerne die Arbeitsstelle ______________.
3. Ich habe ein interessantes ______________________ gesehen und werde ____________ die Stelle ______________.
4. Die Firma Denka hat 500 Mitarbeitern ______________.
5. Seit sie ______________ ist, hat sie schon über dreißig Bewerbungen geschrieben.
6. Er wird ______ morgen bei der Firma Raddorf ______________.
7. Wenn wir nicht mehr ______________ bekommen, drohen ____________________.

K20 Lohn und Gehalt

Ergänzen Sie. Achten Sie auf die korrekte Form.

Lohnerhöhung • Überstunde • Streik • ~~Gewerkschaften~~ • verdienen • fordern • sinken • steigen • streiken

1. Die *Gewerkschaften* haben zum *St*________ aufgerufen. Sie *f*__________ 3 % *L*______________.
2. Es kam zu Verspätungen bei der Bahn, weil die Lokführer *st*____________.
3. Sie ärgert sich über die viele *Ü*________________, die sie nicht bezahlt bekommt.
4. Während der Ausbildung *v*___________ ein Lehrling nicht viel.
5. Die Gehälter werden bei der neuen Firma *s*__________.
6. Die Arbeitgeber wollen nicht, dass die Lohnkosten *st*__________.

Lernwörter

sich bewerben um	arbeitslos	kündigen	die Gewerkschaft, -en
der Streik, -s	streiken	fordern	die Überstunde, -n
sinken	steigen		

K21 Stellenanzeigen

Ergänzen Sie.

Praktikum • Vollzeit • Gehaltsvorstellung • schriftlich • Bewerbung • ~~suchen~~ • Azubis (Pl)

(1)

Zur Neueröffnung unseres Fitness-Clubs in München *suchen* wir ab sofort **Fitness-Trainer** und *A*________. Bitte richten Sie Ihre *B*________ mit Lichtbild u. *G*________ an:
FITNESS STAR, Leopoldstr. 183, 81475 München

(2)

*P*________ im Kindergarten
Wir suchen ab Sep. Praktikant/in für 1 Jahr, Tel.: 0170-467 44 09

(3)

Fahrlehrer/in für Teilzeit oder *V*________ nach Ingolstadt gesucht.
Bewerbung bitte *sch*________
unter ✉ ZS1833322 an SZ

K22 Bewerbungsanschreiben

Ergänzen Sie die Vokale.

Ein Bewerbungsanschreiben sollte Folgendes enthalten ...

Wie wurden Sie auf die Stelle (1) *au*fm*e*rks*a*m (Internet, Zeitungsannonce)?

Warum sind Sie an der Stelle (2) _nt_r_ss__rt?

Wo und was arbeiten Sie (3) z_rz__t?

Welche (4) _rf_hr_ng_n und (5) F_h_gk__t_n bringen Sie mit?

Welche (6) Z__l_ wollen Sie an Ihrem neuen Arbeitsplatz verfolgen?

Wann können Sie die Stelle (7) b_g_nn_n?

Bereitschaft zum (8) V_rst_ll_ngsg_spr_ch

Lernwörter

der Azubi, -s	die Teilzeit (Sg)	die Vollzeit (Sg)	die Bewerbung, -en
schriftlich	zurzeit	die Fähigkeit, -en	aufmerksam
die Erfahrung, -en	das Ziel, -e	beginnen	das Vorstellungsgespräch, -e

K23 Computer und Software

Was passt? Kreuzen Sie an.

1. Einen Moment, ich muss den Computer noch ...

   ☒ einschalten ☒ ausschalten ☒ hochfahren

2. Können Sie mir bitte die Datei ...

   ☐ mailen ☐ surfen ☐ ausdrucken

3. Ich habe vergessen, die Datei zu ...

   ☐ speichern ☐ kopieren ☐ öffnen

4. Kannst du bitte den Kindern die CD-ROM ...

   ☐ einlegen ☐ brennen ☐ markieren

5. Für die Daten solltest du besser einen neuen Ordner ...

   ☐ anlegen ☐ anklicken ☐ schicken

K24 Computer und Internet

Wie heißen die Wörter?

1. Ich habe mir einen großen (mrihcsdliB) _Bildschirm_ für den Computer gekauft.
2. Hast du eine deutsche oder eine englische (rutatsaT) ______________?
3. Ich arbeite auch am Laptop immer mit der (suaM) ________.
4. Schaltest du bitte das (medoM) __________ ein, ich muss noch meine Mails abrufen.
5. Ich komme gerade nicht ins Internet, das (zteN) _______ ist überlastet.
6. Ich muss noch schnell meine Mails (nekcehc) _____________.
7. Ich (erettiwt) ______________ nicht. Ich bin in keinem Netzwerk angemeldet.
8. Speichere die Daten doch auf einem externen (krewfuaL) _______________.

Lernwörter

mailen	surfen	einschalten	ausschalten
die CD-ROM, -s	der Bildschirm, -e	die Maus, ¨-e	die Tastatur, -en
checken	twittern	das Modem, -s	das Netz, -e
anklicken	das Laufwerk, -e	der Laptop, -s	

L. Freizeit und Kultur

L1 Ich habe frei

Ergänzen Sie. Achten Sie auf die korrekte Form.

verbringen • Feiertag • ~~freihaben~~ • Feierabend • im (A: auf) Urlaub sein • in den Ferien • Wochenende • Urlaub (CH: Ferien) nehmen • Ferien haben • Gebirge • Ferien • Kurzurlaub machen • Freizeit • Dienst

1. Ich muss heute nicht arbeiten, ich *habe frei*.
2. Der 1. Mai ist ein ____________, da werden wir einen ______________ in Venedig __________.
3. Wir ______________ unseren Urlaub dieses Jahr im __________.
4. Ich habe keine Schule. Ich ______ __________.
5. Ich muss diese Woche nicht arbeiten. Ich habe _________ _____________.
6. Herr Müller ist leider nicht da. Er ____ ___ ________.
7. Ich muss samstags und sonntags nie arbeiten. Am ______________ habe ich immer frei.
8. In meiner ____________ lese ich gerne.
9. Ich muss heute früher ______________ machen, ich muss zum Elternsprechtag.
10. ___ _____ _________ sind wir dieses Jahr wieder auf Elba.
11. Ich kann nicht kommen, weil ich dieses Wochenende _________ habe.
12. Die _________ fangen dieses Jahr am 30. Juli an.

Lernwörter

die Freizeit (Sg)	der Dienst, -e	verbringen	der Urlaub, -e
im Urlaub sein	in den Ferien sein	(Kurz-)Urlaub machen	

L2 Hobbys und Freizeit

Ordnen Sie zu.

tauchen • Karten spielen • ~~wandern~~ • Golf spielen • Volleyball spielen • Tennis spielen • Ski fahren • Handball spielen • klettern • joggen • segeln • rudern

1. *wandern* 2. ______ 3. ______

4. ______ 5. ______ 6. ______

7. ______ 8. ______ 9. ______

10. ______ 11. ______ 12. ______

Lernwörter

Tennis (Sg)	Ski fahren	wandern	Karten spielen
Golf spielen	joggen	tauchen	

L3 Malen, basteln, fotografieren

Ergänzen Sie. Achten Sie auf die korrekte Form.

erkennen • zeichnen • basteln • malen • vergrößern • Farbe • Handy • Schere • Fotograf • Akku • Bild • Ausstellung • Kunst

1. Kinder *malen* gerne *B*______ mit Buntstiften und Wasserfarben.
2. Auf dem Foto kann man nichts *e*______. Das muss ich *v*______.
3. Leonardo da Vinci *h*____ viele Baupläne von Maschinen *g*______.
4. Die Fotos habe ich nicht selbst gemacht, die sind von einem *F*______.
5. Ich muss mit dem *H*______ Fotos machen, bei meiner Kamera ist der *A*_____ leer.
6. Zum *B*______ braucht man Papier, eine *Sch*_____ und Klebstoff.
7. Wer sich für moderne *K*______ interessiert, darf diese *A*______ nicht verpassen!
8. Mir gefallen die *F*______ des Bildes sehr gut.

L4 Spielen

Unterstreichen Sie das richtige Wort.

1. „Mensch ärgere Dich nicht" spielen wir nur, wenn keiner weint, wenn er *verliert/gewinnt*!
2. Ich habe einfach kein *Pech/Glück*. Nie würfele ich eine Sechs.
3. Beim „Völkerball" muss man den Ball *spielen/werfen* und fangen.
4. Mit welchem *Spielzeug/Spielregeln* spielen deine Kinder gerne?
5. Du sitzt dauernd am Computer. Spiel doch mal was anderes als diese blöden *Computerspiele/Schach*.
6. Das Mädchen kämmt seine *Puppe/Teddy* und zieht ihr ein Kleid an.

Lernwörter

der Akku, -s	basteln	zeichnen	erkennen
der Fotograf, -en	die Farbe, -n	die Schere, -n	die Kunst, ¨-e
die Ausstellung, -en	das Spielzeug, -e	vergrößern	gewinnen
verlieren	fangen	werfen	das Computerspiel, -e
die Puppe, -n	der Teddy, -s		

L5 Veranstaltungen allgemein

Was passt? Kreuzen Sie an. Es gibt immer mehr als eine Lösung.

1. Die Veranstaltung ...
   ☒ findet statt. ☒ fällt aus. ☒ ist gut besucht.
2. Karten gibt es ...
   ☐ im Vorverkauf. ☐ ausverkauft. ☐ an der Abendkasse.
3. Ich möchte gerne Karten ...
   ☐ bestellen. ☐ kaufen. ☐ reservieren.
4. Montags ist das Museum leider ...
   ☐ geschlossen. ☐ zu. ☐ privat.
5. Ist die Galerie montags ...
   ☐ auf? ☐ frei? ☐ geöffnet?
6. Hast du die ...
   ☐ Tickets? ☐ Eintrittskarten? ☐ Eintritt?
7. Der Eintritt inklusive Führung durch die Ausstellung ist ...
   ☐ sehr günstig. ☐ sehr teuer. ☐ frei.
8. Das Publikum ...
   ☐ war begeistert. ☐ applaudierte. ☐ klatschte.

L6 In der Oper

Ergänzen Sie. Ordnen Sie die Buchstaben.

1. Warte kurz, ich möchte noch ein (marmPgor) *Programm* kaufen.
2. Komm, lass uns die Jacken an der (redreboaG) ______________ abgeben.
3. ● Wo sind unsere Plätze? ○ (ehieR) __________ 9, in der (etMti) __________.
4. In der Pause waren vor den Toiletten lange (nnalhegcS) ______________.
5. Hier können wir leider keinen Stuhl hinstellen, das ist der (gnatoNagsu) ______________.

Lernwörter

die Veranstaltung, -en	privat	der Eintritt (Sg)	stattfinden
die (Abend-)Kasse, -n	das Publikum (Sg)	die Garderobe, -n	geschlossen sein
die Reihe, -n	der Notausgang, ¨-e	die (Warte-)Schlange, -n	die Galerie, -n
die Führung, -en			

L7

Musik und Konzerte

Ergänzen Sie. Achten Sie auf die korrekte Form.

Note • Konzert • klassisch • Klavier • ~~Instrument~~ • Oper • Sängerin • Orchester • Musik • Musikgruppe

1. ● Spielt deine Tochter ein *Instrument*? ○ Ja, *K*__________.
2. Die Münchner Philharmoniker sind ein berühmtes *O*__________.
3. ○ Wollen wir Ilse Eintrittskarten für ein *K*__________ in der Philharmonie schenken?
   ● Ich weiß nicht, bist du dir sicher, dass sie *k*__________ Musik mag?
4. „Die Zauberflöte" ist eine berühmte *O*______ von Wolfgang Amadeus Mozart.
5. ○ Weißt du wie die *S*__________ heißt?
   ● Nein, aber die *M*__________ heißt „Silbermond".
6. In der Grundschule lernen die Schüler in der 3. Klasse *N*_______ lesen.
7. Er hört zur Entspannung gerne klassische *M*_______.

Stimme • ausverkauft • Lied • Hit • Musiker • Ballett • Eintrittskarte • Band • Sitzplatz • Stehplatz • Zuschauer

8. „Rammstein" ist eine international bekannte deutsche *B*______.
9. Die Sängerin hat eine wunderschöne *St*________.
10. Meine Tochter möchte gerne *B*________ tanzen.
11. ● Hast du noch *E*______________ für das Konzert bekommen?
    ○ Ja, aber nur *St*__________. Die *S*__________ waren schon *a*__________.
12. Michael Jacksons *L*_____ „Bad" war ein großer *H*____.
13. Die *Z*__________ klatschen lange Beifall für den noch unbekannten *M*__________

Lernwörter

das Instrument, -e	das Klavier, -e	das Orchester, -	das Konzert, -e
der Sänger, -	die Sängerin, -nen	das Lied, -er	die Band, -s
der Hit, -s	klassisch	der Stehplatz, ⸚e	der Sitzplatz, ⸚e
ausverkauft	berühmt	der Musiker, -	der Zuschauer, -

L8 Kultur und Veranstaltungsarten

Ordnen Sie die Silben und ergänzen Sie.

öf • Kul • fent • lich • ~~gute~~ • tur • ~~Unter~~ • ~~halt~~ • Kunst • Li • te • Dis • ra • tur • kus • si • on • Ge • ~~ung~~ • schaft • sell

1. Ein anderer Ausdruck für den Wunsch „viel Vergnügen" ist: *gute* *Unterhaltung*
2. Geistige und künstlerische Leistungen nennt man: ____________
3. Dinge tun oder schaffen, die einen ästhetischen Wert haben: __________
4. So nennt man z. B. Gedichte, Romane und Theaterstücke: ________________
5. Gespräch über ein bestimmtes Thema: __________________
6. So nennt man eine Veranstaltung, die für alle Menschen offen ist: __________________
7. Ist eine Veranstaltung nicht für alle offen, nennt man das:

   geschlossene ______________________

L9 Theater

Ergänzen Sie. Achten Sie auf die korrekte Form.

Theater • ~~Karriere~~ • bekannt • Vorstellung • Rolle • Handlung

1. Die *Karriere* vieler berühmter Filmschauspieler hat am ______________ begonnen.
2. Das Schauspielhaus der Münchner Kammerspiele ist ein __________________ Theater.
3. Kannst du Karten für die ______________________ besorgen?
4. Gustaf Gründgens ist bekannt in der __________ des Mephistopheles in Goethes Faust.
5. Nach Aristoteles sollte die ________________ eines Theaterstücks nur einen

   Tag dauern.

Lernwörter

der Ausdruck, ¨-e	die Feier, -n	das Vergnügen (Sg)	die Unterhaltung, -en
die Kunst, ¨-e	das Ding, -e	schaffen	der Wert, -e
die Literatur, -en	der Roman, e	das Theater, -	das Gedicht, -e
die Diskussion, -en	nennen	die Gesellschaft, -en	die Karriere, -n
bekannt			

L10 Kino

Ergänzen Sie. Achten Sie auf die korrekte Form.

Schauspieler • DVD • Star • Hauptdarsteller • ~~anschauen~~ • ansehen • Film

1. ● Willst du dir den neuen James-Bond-Film *anschauen*?
   ○ Nein, den will ich mir nicht ____________, aber meine Kinder.
2. Armin Mueller-Stahl und Til Schweiger sind bekannte deutsche ____________________.
3. Weißt du, in welchem Kino der _______ „Der Hobbit" noch läuft?
4. Kate Winslet und Leonardo DiCaprio sind die ________________________ im Film „Titanic".
5. Ich schaue mir den Film nicht im Kino an, den gibt es doch bald auf ______.
6. Zum Filmfestival kamen viele ________.

L11 Bitte nicht lächeln: Regeln für Passbilder

Ergänzen Sie. Achten Sie auf die korrekte Form.

Behörde • Höhe • ~~beantragen~~ • notwendig • beachten • kontrollieren • Aufnahme • Vorschrift • Millimeter • streng • vergleichen • speichern

Wer einen biometrischen Reisepass (1) *beantragt*, muss bei den Fotos eine Menge (2) ______________. Nach EU-(3) ____________________ muss das Passfoto beispielsweise eine Frontal-(4) ______________ mit neutralem Gesichtsausdruck sein. Die (5) _______ des Gesichtes, in Deutschland 32 bis 36 (6) ________________, wird von den (7) ______________ mit einer Schablone gemessen. Es wird auch (8) ____________________, ob die Augen offen und auf gleicher Höhe sind. Die (9) ______________ Bildvorschriften sind wegen der automatisierten Gesichtserkennung bei den Grenzkontrollen (10) ________________. Denn bei Kontrollen (11) ________________ ein Computer die Bildinformationen, die auf dem Pass (12) __________________ wurden, mit dem Gesicht.

L

L12 Denkmäler und Gebäude

Ergänzen Sie.

Turm • ~~Burg~~ • Gebäude • Denkmal • Kirche • Schloss

1. die *Burg* Hohenzollern in Baden-Württemberg
2. der Fernseh______ in Berlin
3. das Wilhelm-Tell-______ im Kanton Uri in der Schweiz

4. das Hundertwasserhaus ist ein berühmtes ______ in Wien
5. die Frauen______ in München
6. das ______ Neuschwanstein

Lernwörter

anschauen	ansehen	der Schauspieler, -	der (Haupt-)Darsteller, -
die DVD, -s	die Burg, -en	der Turm, ¨-e	das Gebäude, -
das Denkmal, ¨-er	beachten	beantragen	die Aufnahme, -n
die Höhe, -n	streng	kontrollieren	die Behörde, -n
vergleichen	speichern		

L13 Fußball

Ergänzen Sie. Achten Sie auf die korrekte Form.

Tor • Gegner • stehen • Verein • ~~Fußballstadion~~ • Team • Training • Trainer • Spieler • Sportplatz • Mannschaft • Ergebnis • fit • schießen • siegen • führen • Spiel • Profi • trainieren • unentschieden

1. Das *Fußballstadion* im Norden von München heißt Allianz Arena.
2. ● Für welche *M*__________ ist denn dein Sohn?
   ○ Er ist für den FC Bayern.
3. ○ Na, wie war das *Sp*______?
   ● Simon ist stolz, er hat das einzige *T*____ geschossen.
4. Der deutsche *T*________ bei der Weltmeisterschaft 2014 war Joachim Löw.
5. Wir durften beim *T*________ der Fußball-Profis zuschauen.
6. Die Jugendlichen, die im *V*________ Fußball spielen, *t*__________ zweimal die Woche.
7. Wir trainieren jetzt nicht mehr in der Halle, sondern auf dem *Sp*__________.
8. ● Ist der *Sp*________ ein Amateur? ○ Nein, ein *P*______.
9. Wer hat das Tor zum 1:2 *gesch*________?
10. Ich finde, dass der neue Trainer ein gutes *T*______ zusammengestellt hat.
11. Die *G*________ sind stark. Ich glaube wir werden nicht *s*________.
12. ○ Ich habe nicht aufgepasst, wie *st*______ es? ● Werder Bremen *f*______ 3:1.
13. Der Trainer war mit dem *E*__________ sehr zufrieden, obwohl die Mannschaft *u*______________ gespielt hatte.
14. Die Spieler haben viel trainiert. Sie sind jetzt alle *f*____.

Lernwörter

der Verein, -e	das Tor, -e	schießen	die Mannschaft, -en
der Spieler, -	der Sportplatz, ¨-e	die Halle, -n	das Stadion, Stadien
der Trainer, -	das Training, -s	trainieren	das Team, -s
der Gegner, -	das Ergebnis, -se	fit	führen
(es) stehen	siegen		

L14 Klub und Verein

Ergänzen Sie. Achten Sie auf die korrekte Form.

Klub • Fahrgemeinschaft • ab und zu • Sport treiben • Verein • ~~Mitglied~~ • treffen • Versammlung

1. Bist du *Mitglied* im Verein?
2. Wer schreibt die Einladung für die nächste ________________?
3. Ich möchte nicht Mitglied im ______ werden. Ich möchte nur ___ _____ __ mit meinem Mann Tennis spielen.
4. Wir __________ uns beim Vereinsheim und fahren dann in ____________________________ zum Spiel.
5. Ich bin nicht Mitglied in einem _________. Ich _________ ________ bei der Volkshochschule.

L15 Radio und Fernsehen

Wie heißen die Verben? Ergänzen Sie.

1. *der Fernseher*: Viele Kinder und Jugendliche *sehen* zu viel *fern*.
2. *die Sendung*: Ich glaube der Beitrag wird live ____________.
3. *der Hörer*: Unsere Familie ______ morgens immer Radio.
4. *der Zuschauer*: Das Fußballspiel ist langweilig. Ich mag nicht mehr ______________.
5. *die Sprecherin*: Ich arbeite beim Rundfunk und __________ dort die Nachrichten.
6. *die Aufnahme*: Wir haben das Interview vor der Sendung __________________.
7. *der Empfang*: Den Sender kann ich nicht ______________, wir haben keinen Kabelanschluss.

Lernwörter

der Verein, -e
empfangen
die Versammlung, -en

Sport treiben
der Anschluss, ¨-e
ab und zu

der Zuschauer, -
das Interview, -s
die (Fahr-)Gemeinschaft, -en

aufnehmen
die Nachricht, -en
das Mitglied, -er

L16 Unterhaltungselektronik

Ergänzen Sie. Achten Sie auf die korrekte Form.

~~das Fernsehgerät~~ • der Lautsprecher • die Fernbedienung • der Radioapparat • der CD-Player • der Bildschirm

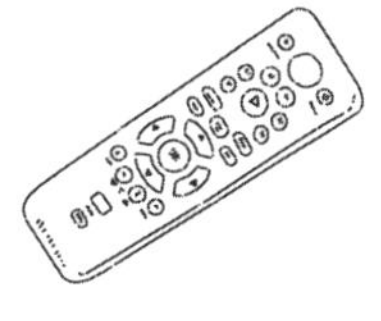

1. *das Fernsehgerät* 2. ______________ 3. ______________

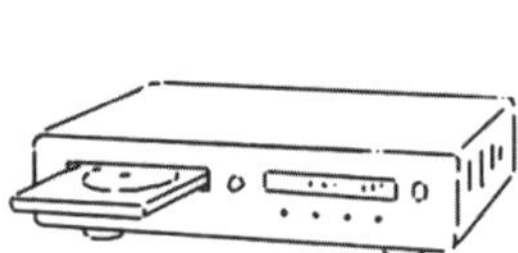

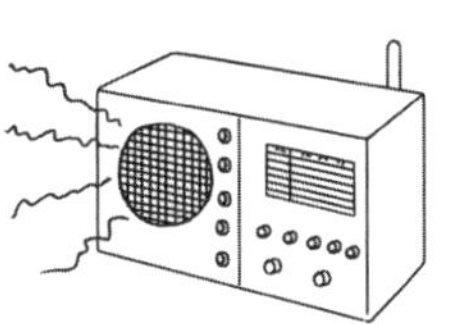

4. ______________ 5. ______________ 6. ______________

L17 Bloggen, chatten, googeln

Ergänzen Sie. Achten Sie auf die korrekte Form

Blog • bloggen • Chatroom • chatten • ~~googeln~~ • twittern • User • Follower

1. Die bekannteste Internetsuchmaschine ist *Google*. Deshalb sagt man: wer im Internet sucht, der *googelt*.
2. ______________ ist, wenn Menschen im Internet in einem ______________ kommunizieren.
3. Bei vielen __________ kann man zu den Einträgen Kommentare verfassen oder Fragen stellen und die Person bzw. Institution die __________, kann antworten.
4. Im Deutschen wird statt des Wortes „Benutzer“ oft das Wort ________ verwendet.
5. Twitter ist ein Internetdienst. Dort kann man ______________, d. h. kurze Texte veröffentlichen. Wer lesen will, was andere twittern, muss sich als ______________ eintragen.

L18 Fernsehsendungen

Ergänzen Sie. Achten Sie auf die korrekte Form.

Bericht • Spielfilm • ~~Sender~~ • Serie • privat • Werbung • Krimi • Studio • Wetterbericht • Nachrichtensendung

1. Welche *Sender* siehst du gerne?
2. Ich mag keine ______________ auf ____________ Sendern anschauen, weil mich die vielen Pausen für die ___________ stören.
3. Im deutschen Fernsehen gibt es eine ____________________________ für Kinder. Sie heißt „logo!".
4. Ich möchte den ____________________ sehen, schaltest du bitte um?
5. Dieses _______ finde ich langweilig, komm schalte um auf den _______.
6. Wir schalten jetzt live in unser _________ nach Washington.
7. Dieser __________ kommt leider sehr spät, da schlafe ich schon.

Lernwörter

der Blog, -s	bloggen	der Chat(room), -s
chatten	googeln	twittern
der User, -	das (Fernseh-)Gerät, -e	der CD-Player, -
der (Radio-)Apparat, -e	der Lautsprecher, -	der Sender, -
die Fernbedienung, -en	der Krimi, -s	die Serie, -n
die Sendung, -en	der Wetterbericht, -e	der Bericht, -e
das Studio, -s	der Bildschirm, -e	die Werbung, -en
privat		

L19 Literatur und Journalismus

Silbenrätsel. Bilden Sie die passenden Wörter.

~~HAND~~ • IN • TI • SCHEN • ~~BUCH~~ • BÜ • HALT • ~~LUN~~ • ~~GEN~~ • TA • CHE • REI • DICH • BUCH • STEL • SCHRIFT • TER • LER • NA • TEL • JOUR • LIST

1. Geschäfte, in denen man Bücher kaufen kann, nennt man *Buchhandlungen*.
2. Den Roman gibt es jetzt auch als *T* __________, da ist er billiger.
3. In vielen Schulen gibt es eine *B* __________, in der man Bücher ausleihen kann.
4. Andere Wörter für „Autor" sind *D* __________ oder *Sch* __________.
5. Das, was in einem Buch oder Text gesagt wird, nennt man Aussage oder *I* __________.
6. Den Namen eines Buches nennt man *T* __________.
7. Wer für Zeitungen, Zeitschriften und andere Medien Artikel schreibt, ist ein *J* __________.

L20 Der Krimi ist spannend

Ergänzen Sie das Gegenteil. Ordnen Sie die Buchstaben.

1. Der Krimi ist langweilig. ⟷ Der Krimi ist (dnnaenps) *spannend*.
2. Die Autorin ist unbekannt. ⟷ Die Autorin ist (aktnneb) __________.
3. Der Umschlag ist schön. ⟷ Der Umschlag ist (ilshcsäh) __________.
4. Der Text ist lustig. ⟷ der Text ist (nrtse) __________.
5. Das Buch ist total schlecht. ⟷ Das Buch ist (pures) __________.
6. Die Anzeige ist gut. ⟷ Die Anzeige ist (elhtchcs) __________.

Lernwörter

der Dichter, -	der Schriftsteller, -	der Autor, -en	die Buchhandlung, -en
die Bücherei, -en	der Inhalt, -e	spannend	bekannt
super	ernst	lustig	hässlich
die Anzeige, -n	der Artikel, -	der Journalist, -en	

M. Politik und Gesellschaft

M1 Aktuelle Ereignisse und Schlagzeilen

Ergänzen Sie. Achten Sie auf die korrekte Form.

Lage • Schlagzeile • Information • Neuigkeit • kritisch • gefährlich • ~~Nachrichten~~ • Katastrophe • Unglück • ernst • aktuell • Gleichberechtigung

1. Mach mal die *Nachrichten* an. Es ist ein schreckliches ___________ passiert.
2. In Syrien ist das Leben momentan sehr ___________.
3. Die _______ im Krisengebiet ist sehr ________, die UNO versucht zu vermitteln.
4. Schaust du mal im Internet die ___________ Meldungen nach?
5. Am Weltfrauentag gab es Demonstrationen für ___________.
6. Der Gesundheitszustand von Michael Schuhmacher ist immer noch ___________.
7. ● Gibt es ___________ zu dem verschwundenen Flugzeug?
   ■ Nein, es gibt immer noch keine neuen ___________.
8. ● Das ‚royal Baby' ist schon wieder mit Foto in den ___________!
   ■ Was hast du denn, ich mag nicht immer nur über Unglücke und ___________ lesen. Ist es nicht süß!

M2 Politik allgemein

Was passt? Kreuzen Sie an.

1. Man kann einen Kompromiss …	☒ suchen.	☒ finden.	☒ lösen.
2. Man kann Änderungen …	☐ wollen.	☐ fordern.	☐ verlangen.
3. Man kann ein Problem …	☐ lösen.	☐ sich einigen.	☐ loben.
4. Man kann Reformen …	☐ machen.	☐ fordern.	☐ helfen.

Lernwörter

ernst	gefährlich	das Unglück, -e	die Nachricht, -en
die Lage (Sg)	die Neuigkeit, -en	kritisch	der Kompromiss, -e
lösen	fordern	verlangen	die Reform, -en
kritisch	sich einigen	die Gleichberechtigung (Sg)	

M3 Demokratie

Ergänzen Sie. Achten Sie auf die korrekte Form.

übertragen • auf Zeit • Vertreter • Staat • vertreten • geheim • zwingen • Recht • Wahl • Bürger • Politiker • Demokratie • wählen • Volk • ~~Regel~~

Die Staatsform, in der nicht nur ein Einzelner oder einige Wenige über die (1) Regeln bestimmen, nach denen gelebt wird, sondern das (2) V_____, nennt man (3) D_____. Die Idee ist, dass jeder (4) B_____ das (5) R_____ hat, mitzubestimmen, was in seinem Land passiert. In demokratischen (6) S_____ wählen die Bürger (7) P_____, die sie und ihre Meinung (8) v_____. Wichtig ist, dass die (9) W_____ in einer Demokratie (10) g_____ und frei sind, d. h., niemand kann einen Bürger dazu (11) z_____, eine bestimmte Person zu (12) w_____. Das Volk (13) ü_____ demnach die Staatsgewalt an gewählte (14) V_____. Diese sind nur (15) a_____ Z_____ gewählt.

M4 Das deutsche Wahlsystem (1)

Unterstreichen Sie das passende Wort.

1. Alle Bürger mit deutschem Pass dürfen ab 18 Jahren *wählen/verlieren*.
2. In Deutschland wird alle *vier/drei* Jahre gewählt.
3. Die Wähler geben die Erststimme einem Kandidaten aus ihrem Wahlkreis, der sie *vertreten/vorschlagen* soll.
4. Mit der Zweitstimme wählen die Bürger *ein Parteiprogramm / eine Partei*.
5. Mit der Zweitstimme wird *entschieden/abgezählt*, wie viele Sitze eine Partei im Bundestag bekommt.

Lernwörter

das Volk, ¨-er	der Bürger, -	der Staat, -en	die Demokratie, -n
das Recht, -e	vertreten	zwingen	geheim
wählen	die Wahl, -en	abstimmen	verlieren
gewinnen	das Parteiprogramm, -e	die Partei, -en	(sich) entscheiden
abgeben			

M5 Das deutsche Wahlsystem (2)

Unterstreichen Sie das passende Wort.

1. Eine Partei braucht 5 Prozent der abgegebenen *Stimmen/Vorschläge*, um in den Bundestag zu kommen.
2. Die Partei, die die *Mehrheit/Minderheit* im Bundestag hat, stellt den Bundeskanzler. Wenn keine Partei die Mehrheit hat, dann können zwei Parteien eine Koalition bilden, um die *Regierung/Volksabstimmung* zu stellen.
3. In Deutschland gibt es keine *Armee/Wahlpflicht*.
4. In fünf Bundesländern dürfen Bürger ab 16 Jahren bei der Kommunalwahl mit *abstimmen / dagegen sein*.
5. Die Teilnahme an allen Wahlen in Bund, Ländern und Gemeinden ist *freiwillig/kritisch*.

M6 Reform – reformieren

Wie lauten die Verben?

1. der Protest → protestieren
2. das Lob → ______
3. die Demonstration → ______
4. der Streik → ______
5. die Reform → ______
6. die Verhandlung → ______
7. die Kritik → ______

Lernwörter

der Bundeskanzler, -	die Volksabstimmung, -en	die (Wahl-)Pflicht, -en	die Armee, -n
die Mehrheit, -en	die Minderheit, -en	die Stimme, -n	dagegen sein
der Protest, -e	protestieren	die Reform, -en	loben
die Demonstration	demonstrieren	der Streik, -s	streiken
der Bund (Sg)	der Vorschlag, ¨-e		

M7 Das politische System der Bundesrepublik Deutschland

Ordnen Sie zu.

1. Wer wählt den Bundeskanzler bzw. die Bundeskanzlerin?
2. Welche Aufgaben hat der Bundeskanzler?
3. Welche Aufgaben hat der Bundespräsident?
4. Was machen Minister und Ministerinnen?
5. Was ist der Bundesrat?
6. Wer ist der mächtigste Politiker, der Bundespräsident oder der Bundeskanzler?
7. Wer ist die Bundesregierung?

a) Die Hauptaufgabe des Bundeskanzlers ist es, gemeinsam mit den Ministern zu regieren.

b) Der Bundeskanzler ist die mächtigste Person.

c) Das Team, das Deutschland regiert: der Bundeskanzler und seine Ministerinnen und Minister.

d) Die Abgeordneten des Deutschen Bundestages wählen den Bundeskanzler.

e) Er vertritt die Bundesrepublik Deutschland. Seine Hauptaufgabe ist das Repräsentieren.

f) Sie entwerfen Gesetze, über die der Bundestag abstimmt.

g) Die Vertretung der sechzehn deutschen Bundesländer.

1.	2.	3.	4.	5.	6.	7.
d)						

M8 Parteien in Deutschland: SPD

Ergänzen Sie die Vokale.

Die SPD ist die älteste Partei Deutschlands. Die (1) ursprünglichen Ziele der Partei waren, mehr Rechte und bessere Arbeitsbedingungen für die (2) _rb__t_r zu schaffen. Weitere wichtige (3) Z__l_ der Partei sind, mehr soziale (4) G_r_cht_gk__t zu erreichen, die Familien zu (5) _nt_rst_tz_n und für einen Ausbau des (6) S_z__lsyst_ms zu kämpfen.

Lernwörter

regieren	wählen	gemeinsam	das Gesetz, -e
der Bundespräsident, -en	das Team, -s	der Minister, -	das Bundesland, ¨-er
Innen-	Außen-	das Parlament, -e	politisch
der Bundestag, -e	das Amt, ¨-er	ursprünglich	zuständig
das (Sozial-)System, -e	der Arbeiter, -	kämpfen für	erreichen
die Gerechtigkeit, -en	schaffen	unterstützen	das Ziel, -e
die (Arbeits-)Bedingung, -en	beraten		

M9 Parlament, Regierung, Parteien

Ordnen Sie zu. Achten Sie auf die korrekte Form.

zustimmen • Amt • Mehrheit • Bundeskanzlerin • Innenminister • Außenminister • ~~Königin~~ • zuständig • Parlament • SPD • CSU • CDU • Partei • abstimmen • beraten

1. Das Staatsoberhaupt von England ist eine *Königin*: Queen Elizabeth II.
2. Der ____________________ kümmert sich um die Beziehung zu anderen Ländern.
3. Der ____________________ ist für die Ordnung im Land und für die Polizei ______________.
4. In Österreich und in der Schweiz heißt das ______________ „Nationalrat".
5. Die deutsche ______________________ Angela Merkel ist die erste Frau in diesem _____.
6. Das Parlament ________ über die Gesetzesvorschläge der Regierung.
7. In der Bundesrepublik Deutschland __________ der Bundestag über Gesetze ___. Wenn die ____________ dem Gesetz zustimmt, wird das Gesetz angenommen. Bei Gesetzen, die das Grundgesetz betreffen, muss aber auch noch der Bundesrat ______________.
8. Starke deutsche ____________ sind die _____ (Christlich Demokratische Union), _____ (Christlich Soziale Union), _____ (Sozialdemokratische Partei Deutschlands), Die GRÜNEN und Die LINKE.

M10 Parteien in Deutschland: CDU/CSU und die GRÜNEN

Ergänzen Sie die Vokale.

Die CDU und die CSU wurden 1945 (1) g*e*gr*ü*nd*e*t. Die CDU ist in allen (2) B__nd__sl__nd__rn vertreten, nur in Bayern nicht, dort gibt es die CSU. Im Bundestag arbeiten CDU und CSU zusammen. Das (3) Pr__gr__mm der CDU ist den Grundgedanken des (4) chr__stl__ch__n Glaubens (5) v__rpfl__cht__t, die Partei vertritt eine (6) k__ns__rv__t__v__ Richtung in der Politik. Wichtige Ziele der Partei sind z. B., dass (7) __nt__rnehm__n gestärkt werden und der (8) St____t wenig (9) Sch__ld__n macht. Wichtige Themen der GRÜNEN sind der (10) __mw__ltsch__tz und das (11) fr____dl__ch__ Zusammenleben von Menschen aus verschiedenen (12) K__lt__r__n in einer multikulturellen (13) G__s__llsch__ft. Die GRÜNEN (14) __ntst__nden 1980 unter anderem aus der Friedens- und der Anti-Atomkraft-Bewegung.

M11 Lebensverhältnisse

Ergänzen Sie.

durchschnittlich • unterstützen • Unterstützung • ~~sozial~~ • niedrig • gerecht • arm • fair

1. Es gibt *soziale* Probleme in diesem Wohnviertel. Viele Menschen sind arbeitslos und viele Rentner haben ______________ Renten (A: Pensionen).
2. Wer arbeitslos wird, erhält ______________________ in Form von Arbeitslosengeld.
3. Ich kaufe wenn möglich Fair-Trade-Produkte, um den ______________ Handel von Waren zu ____________________, denn leider ist der Handel oft nicht ______.
4. Als _____ gilt, wer weniger als 60 % des ____________________________ Einkommens in einem Land zur Verfügung hat.

Lernwörter

gründen	verpflichtet sein	die Schulden (Pl)	das Bundesland, ¨-er
der Staat, -en	entstehen	unter anderem	arbeitslos
sozial	die Unterstützung	fair	durchschnittlich
die Gesellschaft, -en	arm		

M12 Internationale Organisationen: Die UNO

Ergänzen Sie. Achten Sie auf die korrekte Form.

regelmäßig • schicken • lösen • kämpfen • Konflikt • Organisation • Rolle • ~~Mitglied~~ • Frieden • Gegner • Lösung • Streit • Krieg • Soldat • Vorschlag

Fast alle Länder der Welt sind (1) *Mitglied* der UNO. Das wichtigste Ziel dieser (2) __________ ist, den (3) __________ zu sichern. Die Mitglieder treffen sich deshalb (4) __________, um über (5) __________ in der Welt zu sprechen und (6) __________ dafür zu suchen. Eine wichtige (7) __________ spielt dabei der Generalsekretär. Er versucht zwischen den Ländern, die gegeneinander (8) __________ führen, zu vermitteln und macht (9) __________, wie man den Konflikt (10) __________ könnte. Manchmal (11) __________ die UNO auch Soldaten in Länder, in denen es Krieg gab. Die sogenannten (12) Blauhelm-__________ sollen dann aber nicht (13) __________, sondern helfen, dass nicht wieder (14) __________ und Krieg zwischen den früheren (15) __________ ausbricht.

M13 Kindersoldaten

Ergänzen Sie. Achten Sie auf die korrekte Form.

Soldat • Waffe • töten • schießen • ~~schätzen~~ • weltweit • einsetzen • militärisch

Es wird (1) *geschätzt*, dass es (2) __________ mehr als 300 000 Kindersoldaten gibt. Anstatt zur Schule zu gehen, müssen diese Kinder als (3) __________ Menschen (4) __________. Bevor die Kinder im Krieg (5) __________ werden, müssen sie ein (6) __________ Training absolvieren, bei dem sie den Umgang mit (7) __________ lernen und lernen auf Menschen zu (8) __________.

Lernwörter

das Mitglied, -er	die Organisation, -en	regelmäßig	der Konflikt, -e
die Lösung, en	lösen	der Gegner, -	das Ziel, -e
der Krieg, -e	kämpfen (für/gegen)	der Vorschlag, ¨-e	der Streit (Sg)
töten	schießen	einsetzen	schätzen
weltweit	militärisch		

M14 Papa, was heißt eigentlich Wirtschaft?

Ergänzen Sie. Achten Sie auf die korrekte Form.

Bereich • produzieren • ~~kompliziert~~ • Autoindustrie • Versicherung • Handel • Landwirtschaft • Nahrungsmittelindustrie

Oh, das ist ein bisschen (1) *kompliziert*. Alle (2) B__________, in denen Menschen etwas leisten, nennt man Wirtschaft. Wenn Menschen arbeiten, (3) p__________ sie oft etwas, z. B. Brot, Autos oder Handys. Zur Wirtschaft gehören aber auch Tätigkeiten, bei denen nichts produziert wird: (4) H__________, Verkehr, (5) V__________, Verwaltung usw. Einzelne Bereiche der Wirtschaft sind zum Beispiel die (6) L__________, die Bauwirtschaft, die (7) A__________ und die (8) N__________.

M15 Wirtschaft allgemein

Ergänzen Sie. Achten Sie auf die korrekte Form.

Forschung • Energie • Zins • ~~Nachfrage~~ • finanziell • Produkt • Ware • Angebot • Konkurrenz • entwickeln • eröffnen • reduzieren • Markt

1. In der Wirtschaft regelt die *Nachfrage* das __________. Je mehr Menschen ein __________ haben wollen, desto mehr wird von dieser __________ produziert.
2. Hier wird ein neuer Baumarkt __________, dann bekommt der alte Baumarkt __________.
3. Seid der Wirtschaftskrise haben viele Bürger __________ Probleme.
4. Aktuell sind die __________ für Kredite niedrig.
5. Der Verbrauch an __________ nimmt zu. Das Ziel ist, den Verbrauch zu __________.
6. Mein Mann arbeitet in der __________. Die Firma hat ein neues Produkt __________.
7. Der __________ für Bioprodukte wächst.

M16 Was bedeutet Nachhaltigkeit?

Ergänzen Sie. Achten Sie auf die korrekte Form.

Umwelt • Entwicklung • zukünftig • ~~Ausdruck~~ • kommen aus • fordern • Region • Generation • wirtschaftlich

Der (1) *Ausdruck* „Nachhaltigkeit“ (2) *k* __________ ursprünglich ______ der Forstwirtschaft. Vor ca. 300 Jahren hat Carl von Carlowitz (3) *gef* __________, dass im Wald nur so viele Bäume gefällt werden sollen, wie wieder nachwachsen. Nachhaltigkeit meint heute, dass wir nicht auf Kosten (4) *z* __________ (5) *G* __________ und auf Kosten anderer (6) *R* __________ der Welt leben sollen. Nachhaltige (7) *E* __________ bedeutet, dass die (8) *U* __________ gleichberechtigt ist gegenüber sozialen und (9) *w* __________ Gesichtspunkten.

M17 Gewinn und Verlust

Ergänzen Sie das Gegenteil, Substantive bitte mit Artikel.

1. der Gewinn — *der Verlust* (STLUVER)
2. der Export — __________ (RTIMOP)
3. exportieren — __________ (ERIMTIENPOR)
4. die Preise steigen — die Preise __________ (LENFAL)
5. der Handel wird zunehmen — der Handel wird __________ (AEHBENNM)

Lernwörter

die Nachfrage, -n	kompliziert	produzieren	die Wirtschaft (Sg)
der Bereich, -e	die Industrie, -n	der Verkehr (Sg)	die Verwaltung, -en
das Produkt, -e	die Konkurrenz (Sg)	eröffnen	entwickeln
die Energie, -n	das Ziel, -e	der Markt, ¨-e	die Entwicklung, -en
der Gewinn, -e	abnehmen	wachsen	gleichberechtigt
fordern	zukünftig	die Generation, -en	steigen
die Umwelt (Sg)	der Ausdruck, ¨-e	fallen	

Teil 2: Grammatik

N. Verben

NO Mehr als eine Reise

Ergänzen Sie die Verben in Klammern in der korrekten Form im Präsens.

Lena (1) *will* (wollen) übers Wochenende zu ihrer Freundin nach Hamburg fahren. Gleich nach der Arbeit (2) __________ (nehmen) sie ein Taxi zum Bahnhof. Sie (3) ______ (haben) eine Stunde Zeit, um 19 Uhr (4) _________ ihr Zug ____ (abfahren). Doch es (5) _____ (sein) zu viel Verkehr und ihr Taxi (6) _________ (stehen) im Stau. Nervös (7) _________ (fragen) Lena den Taxifahrer: „Was (8) ___________ (denken) Sie? Wie lange (9) _____________ (brauchen) wir noch zum Bahnhof?“ Dieser (10) ________________ (antworten): „Wenn Sie in Eile (11) _______ (sein), (12) ____________ Sie lieber hier _____ (aussteigen) und (13) _________ (gehen) Sie durch den Park, dann (14) ____________ (kommen) Sie schneller zum Bahnhof. Lena (15) _______ (geben) ihm das Fahrgeld und (16) _________ (laufen) mit ihrem Rucksack durch den Park. Dabei (17) _________ (fallen) ihr Geldbeutel aus der Jackentasche, doch sie (18) _____________ (bemerken) es nicht. Ein junger Mann (19) _______ den Geldbeutel _____ (aufheben) und (20) _________ (folgen) ihr. Kurz vor dem Fahrkartenschalter (21) ___________ er sie ____ (ansprechen): „Ich (22) __________ (glauben), du (23) ______________ (brauchen) den hier, wenn du eine Fahrkarte kaufen (24) _______________ (möchten)!“ Erschrocken (25) _________ Lena ihn ____ (ansehen) und (26) _______ (rufen): „Woher (27) _______ (haben) du meinen Geldbeutel?“ Der junge Mann (28) ____________ (erklären) ihr alles und Lena (29) _________ (danken) ihm sehr. Dann (30) ________________________ (verabschieden) sie sich von ihm und (31) _______ (wollen) ihre Zugfahrkarte kaufen, doch Lena (32) ____________ (gefallen) dem jungen Mann und er (33) _________ (fragen): „(34) _______ (dürfen) ich dich zum Bahnsteig begleiten?“

Das kann ich schon:
Verbkonjugation im Präsens, Verben mit Vokalwechsel im Präsens *(e → i, a → ä)*, Konjugation der Modalverben, Konjugation von *sein* und *haben*

Ergänzen Sie die Verben in Klammern im Perfekt.

Lena ist bei ihrer Freundin in Hamburg angekommen und erzählt von ihrer Reise.

■ Stell dir vor, ich (35) *habe* einen wirklich netten Typen *kennengelernt* (kennenlernen)!

● Ach, wirklich? (36) ________ du mit ihm im selben Zugabteil ________________(sitzen)?

■ Nein, noch am Bahnhof! Also, gleich nach der Arbeit (37) ________ ich ein Taxi zum Bahnhof ________________ (nehmen). Ich (38) __________ (haben) eine Stunde Zeit, denn um 19 Uhr (39) ______ mein Zug ____________________ (abfahren). Doch es (40) ______ zu viel Verkehr und mein Taxi (41) ______ im Stau __________________ (stehen).

● Oje, was für ein Stress! Was (42) ________ du ______________ (machen)?

■ Ich (43) ______ _________________________(aussteigen) und durch den Park zum Bahnhof (44) ________________ (laufen). Dabei (45) _____ mein Geldbeutel aus der Jackentasche _______________ (fallen), doch ich (46) ________ es nicht _____________ (bemerken).

● Meine Güte! Was (47) _____ dann _______________ (passieren)?

■ Kurz vor dem Fahrkartenschalter (48) ______ mich ein junger Mann __________________ (ansprechen). Ich (49) ______ zuerst __________________ (erschrecken), doch er (50) ______ mir _____________ (erklären), wie er im Park (51) ______________ ______ (sehen), dass ich den Geldbeutel (52) ______________ ________ (verlieren). Er (53) ______ ihn gleich ____________________ (aufheben) und ihn mir (54) ___________________________ (zurückbringen).

● Oh, das ist aber richtig nett! Und – (55) ______ er dir _______________ (gefallen)?

■ Hm, ja! Er (56) ________mich dann noch zum Bahnsteig _________________ (begleiten) und nach meiner Telefonnummer (57) _____________ (fragen) ...

● Und, (58) ________ du sie ihm ______________ (geben)?

■ Ja, und wir (59) __________ schon auf der Zugfahrt stundenlang ____________________ (telefonieren). Für Montagabend (60) ________ ich ihn zum Essen ________________ (einladen)!

Das kann ich schon: Verben im Perfekt

Wann brauche ich Perfekt, wann Präteritum?
Präteritum: in schriftlichen Berichten und Erzählungen / in mündlichen sachlichen Berichten und Monologen / immer bei Modalverben und bei *sein* und *haben*
Perfekt: in mündlichen Erzählungen und in Dialogen (außer *sein*, *haben* und Modalverben!)

N1 Dichter gesucht!

Bilden Sie von den folgenden Verben das Präteritum und ordnen Sie die Formen nach Stammvokalen in Gruppen.

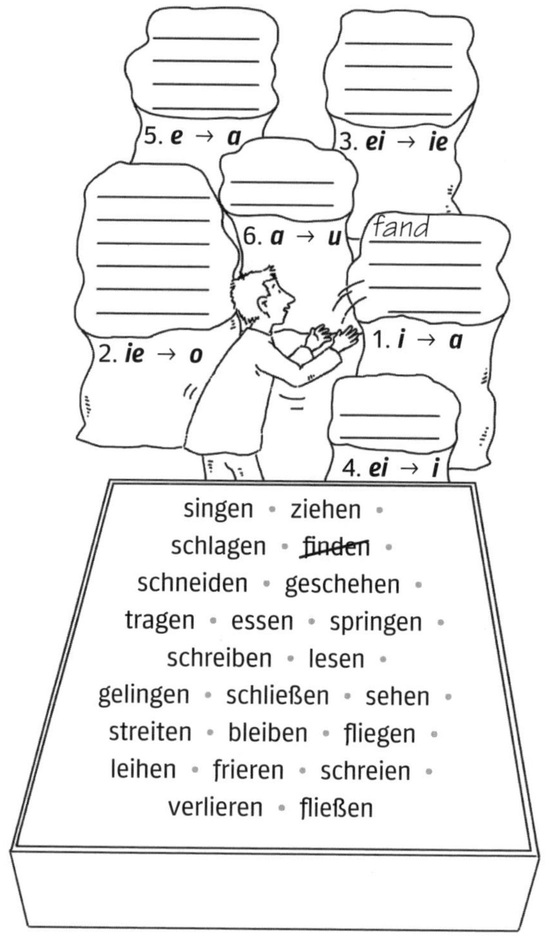

Lernen Sie die Präteritum-Formen in Gruppen mit denselben Vokal-Veränderungen! Auch kleine Reime helfen beim Merken, z. B.: ... *und er sah, was dann geschah!*

N2 Wie war das bei dir zu Hause?

Ergänzen Sie die fehlenden Verben in der richtigen Form.

~~müssen~~ • müssen • müssen • müssen • dürfen • dürfen • dürfen •
können • können • können • sollen • wollen • wollen • wollen •
sein • sein • sein • sein • sein • sein • sein • haben • haben • haben

Annette und Thomas sind frisch verliebt und erzählen sich von ihrer Kindheit und Jugend.

- *Musstest* (1) du als Kind viel im Haushalt helfen?
- Eigentlich nicht. Ich ____________ (2) mein Zimmer aufräumen und ein bisschen in der Küche helfen, aber alles andere ______ (3) nicht meine Sache.
- Da ____________ (4) du aber Glück! Ich ____________ (5) nur zum Spielen gehen, wenn ich mit meiner Arbeit fertig ______ (6). Ich ____________ (7) nach dem Kochen immer die Küche aufräumen und alle zwei Tage das Bad putzen.
- Ja, mein Vater ____________ (8), dass ich ihm im Garten helfe, aber ich __________ (9) keine Lust. ____________ (10) du denn am Wochenende ausgehen?
- Ja, Samstagabend. Aber ich ____________ (11) um Mitternacht zu Hause sein. Und du?
- Das ______ (12) meinen Eltern egal. Hauptsache, ich ______ (13) am nächsten Morgen nicht zu spät am Frühstückstisch! Der Spruch von meiner Mutter ______ (14) immer: „Wer feiern kann, kann auch aufstehen!"
- Stimmt eigentlich ...
- Was ____________ (15) du während deiner Schulzeit werden?
- Ich ____________ (16) Tiermedizin studieren, aber meine Noten __________ (17) zu schlecht. Ich ____________ (18) keinen Studienplatz bekommen. Deshalb __________ (19) mein Vater den Plan, dass ich eine Banklehre machen __________ (20).
- Aber wie ____________ (21) du dann doch Tierarzt werden?
- Ich ______ (22) im Ausland und ____________ (23) dort studieren. Es ____________ (24) für mich einfach kein anderer Beruf sein!

Das kann ich schon: Modalverben im Präteritum / *sein* und *haben* im Präteritum

N3 Urgroßmutters Erzählungen

Ergänzen Sie die fehlenden Verben im Präteritum.

Ja, ja, früher war alles besser …

1. Jeden Winter *gab* es viel Schnee. Heute gibt es nur noch manchmal Schnee im Winter.
2. Die Kinder ____________ immer höflich. Heute grüßen die Kinder nicht mehr oder rufen nur „Hallo!"
3. In der Straßenbahn ____________ die Herren immer _____, wenn eine Dame _____, und _________ ihr den Sitzplatz ___. Heute stehen die Herren nicht mehr auf, wenn eine Dame kommt, und bieten ihr nicht mehr den Sitzplatz an.
4. Früher __________ Mann und Frau erst zusammen, wenn sie verheiratet _________. Heute leben Mann und Frau oft schon zusammen, wenn sie noch nicht verheiratet sind.
5. Damals _______________ wir lange Briefe. Heute schreibt man sich nur noch kurze E-Mails.
6. Früher __________ wir nur manchmal ins Kino und _________ dort schöne Filme. Heute sieht man zu Hause jeden Abend Filme im Fernsehen.
7. Wir __________ damals viel Rad und __________ oft zu Fuß. Heute fahren die Jugendlichen U-Bahn und Bus oder haben ein Motorrad.
8. Früher __________ die jungen Frauen hübsche Kleider und Röcke, doch heute tragen sie immer nur Jeans und T-Shirts.
9. Die Menschen __________ sich früher gegenseitig, aber heute hilft einem keiner mehr.
10. Und die Männer _____________ mir früher viel besser! Heute gefallen sie mir nicht mehr so gut …

Pluralbildung

Wie auch bei den Modalverben ist im Präteritum die 1. und die 3. Person Singular immer gleich: *ich ging – er ging / ich machte – er machte*

N4 Hermann Hesse – ein Schriftstellerleben

Ergänzen Sie die Verben im Präteritum.

wohnen • bleiben • schreiben • beantworten • sein • zurückziehen • herausgeben • ~~werden~~ • kommen • veröffentlichen • leben • verschicken • besuchen • sein • sterben • lernen • weglaufen • wollen • folgen • heiraten • beginnen • bekommen • schaffen

Kennen Sie „Siddharta" oder „Der Steppenwolf"? Diese Bücher von Hermann Hesse *wurden* (1) in der ganzen Welt berühmt.

Hermann Hesse ______ (2) am 2. Juli 1877 in Calw (Württemberg) zur Welt. Er ______________ (3) in Deutschland und in der Schweiz die Schule. Mit 14 Jahren __________ (4) er im evangelisch-theologischen Seminar im Kloster Maulbronn, aus dem er ein Jahr später ____________ (5). Er __________ (6) nur Dichter werden. Nun __________ (7) eine Zeit von großen Konflikten mit den Eltern und starken psychischen Problemen, bis er eine Lehre als Buchhändler ___________ (8). Bereits als Jugendlicher ____________ (9) er Gedichte und Märchen, und mit 23 Jahren __________________________ (10) er sein erstes Buch. Ab 1904 ________ (11) er als freier Schriftsteller und _______________ (12) seine erste Frau, später _____ (13) er noch zweimal verheiratet.

Während des Ersten Weltkriegs ___________________ (14) Hesse Bücher an deutsche Kriegsgefangene und _____ eine Zeitschrift für sie __________ (15). Er _____ (16) ein Kriegsgegner und _____ sich ins Tessin __________ (17). Dort ___________ (18) er mit anderen Künstlern auf dem „Monte Veritá". Er ________ (19) bis zu seinem Lebensende im Tessin. Im Alter ________ (20) Hesse keine größeren Werke mehr, aber er _________ (21) von seinen Lesern unglaublich viele Briefe, circa 35 000. Einen großen Teil davon _____________________ (22) er persönlich. Am 9. August 1962 ________ (23) Hermann Hesse in Montagnola im Tessin.

! Tipp Wenn Sie sich für Hesses Werke interessieren, beginnen Sie doch mit einem Gedicht! „Im Nebel" können Sie sicherlich schon verstehen.

N5 Was war hier vorher passiert?

Bitte ordnen Sie die passenden Sätze einander zu.

1. Ein junger Mann stand mit einem Pyjama bekleidet auf der Straße.
2. Ein Baum lag über dem Gleis und der Zug musste anhalten.
3. Eine Frau führte einen Elefanten durch die Stadt.
4. Ein alter Herr rief die Feuerwehr um Hilfe.
5. Im Café saß ein junger Mann am Tisch und schlief.
6. Aus dem Eingang der Universität lief eine junge Frau. Sie sang und lachte.
7. Ein kleines Mädchen stand im Kaufhaus und weinte.

a) Er war bei einer Zirkusshow weggelaufen.

b) In der Nacht davor hatte er nur zwei Stunden geschlafen.

c) Sie hatte ihre Mutter verloren.

d) Er hatte die Zeitung aus dem Briefkasten geholt und die Tür war hinter ihm ins Schloss gefallen.

e) Seine Katze war auf einen hohen Baum geklettert und kam alleine nicht mehr herunter.

f) In der Nacht hatte es stark gestürmt.

g) Gerade hatte sie ihre Diplomprüfung bestanden.

1.	2.	3.	4.	5.	6.	7.
d)						

Tipp

Wann brauche ich das Plusquamperfekt?
Wenn Sie etwas in der Vergangenheit (Präteritum oder Perfekt) erzählen und ausdrücken wollen, dass etwas anderes noch früher passiert ist.
Wie bilde ich das Plusquamperfekt?
Hilfsverb im Präteritum + Partizip Perfekt (*er hatte gemacht / sie war gegangen*)

N6 Ach, deshalb!

Präteritum oder Plusquamperfekt? Ergänzen Sie die Verben in der richtigen Form.

1. *Jutta fuhr mit dem Fahrrad zur Schule. Sie war zu spät aufgestanden, deshalb hatte sie den Schulbus verpasst.*

Jutta • mit dem Fahrrad • zur Schule (fahren). Sie • zu spät (aufstehen), deshalb • sie • den Schulbus (verpassen).

2. ____

Christoph • die ganze Nacht (tanzen). Am nächsten Morgen • er • schrecklich müde (sein).

3. ____

Ende Dezember • zwei Meter Schnee (liegen), da • es • eine Woche lang • pausenlos (schneien).

4. ____

Die Mutter • die Küche • putzen (müssen), weil • ihre Kinder • einen Kuchen (backen).

5. ____

Endlich • Hannes • einen neuen Job (bekommen), nachdem • er • zwanzig Bewerbungen (schreiben).

6. ____

Klara • auf das Abendessen (sich freuen). Sie • seit dem Frühstück • nichts mehr (essen).

7. ____

Anna • stolz • mit ihrem neuen Fahrrad (fahren). Sie • es • zum Geburtstag (bekommen).

N7 Die Welt im Jahr 2070

Ergänzen Sie die fehlenden Verben im Futur I.

kämpfen • einsehen • existieren • haben • ~~bringen~~ • sein • verstehen • geben • kommen • leben • entwickeln

1. Oft frage ich mich, was uns und unseren Kindern die Zukunft *bringen wird*.
2. _______ die Welt noch so _______, wie wir sie kennen?
3. Ich _________ im Jahre 2070 nicht mehr _________, aber vielleicht _________ meine Kinder Enkelkinder _________.
4. Man kann nur hoffen, dass es keine großen Kriege mehr _______________.
5. Doch wahrscheinlich ___________ die Menschen einmal um sauberes Wasser ___________.
6. Und ___________ die Menschen endlich _______________, dass sie die Meere und den Regenwald schützen müssen?
7. Sicherlich ________ man neue Ideen _________________ und es _______ viel neue Technik _______________.
8. Hoffentlich _______ es nicht soweit ___________ wie in dieser indianischen Weissagung:
9. „Wenn der letzte Baum gefällt ist, der letzte Fluss vergiftet ist und der letzte Fisch gefangen ist, ___________ ihr ______________, dass man Geld nicht essen kann …“

Wann brauche ich das Futur?
Wenn durch eine Zeitangabe klar ist, dass die Handlung in der Zukunft ist, brauche ich nur das Präsens. Fehlt eine Zeitangabe, brauche ich das Futur. (*Sie wird nach der Schule ein Jahr ins Ausland gehen.*)
Wenn ich etwas nicht sicher weiß, sondern nur vermute, brauche ich das Futur. (*Er wird wohl krank sein.*)
Wie bilde ich das Futur?
werden + Infinitiv

N8 Meine Schwiegermutter geht mir auf die Nerven!

Ergänzen Sie die Sätze mit den Verben in Klammern im Konjunktiv II.

Meine Schwiegermutter ist eine Katastrophe! Immer verbessert sie mich, nichts kann ich ihr recht machen.

1. Wenn ich für meine Tochter Milch warm mache, sagt sie: „Du *solltest* ihr einen Tee *kochen*, das ist gesünder!" (kochen sollen)
2. Wenn ich die Küche aufräume, sagt sie: „Du ______________ mal wieder den Keller ______________, da sieht es schrecklich aus!" (aufräumen müssen)
3. Wenn ich meinen Kindern erlaube, einen Film anzusehen, sagt sie: „Bei mir ______________ die Kinder nicht so viel ______________!" (fernsehen dürfen)
4. Wenn ich meinem Mann einen grünen Pullover schenke, sagt sie: „Ein roter Pullover __________ ihm viel besser __________! (stehen)
5. Sie sagt, dass sie am liebsten alleine im Garten arbeitet. Dann aber fragt sie mich: „______________ du mir nicht mal ein bisschen __________?" (helfen können)
6. Wenn ich einen Kuchen backe, sagt sie: „Du ______________ deinen Kindern nicht so viel Süßes __________!" (geben sollen)
7. Wenn sie zum Einkaufen geht, sagt sie: „______________ du nicht auch mal zum Einkaufen __________?" (gehen können)
8. Wenn mein Sohn auf eine Klassenarbeit die Note 2 bekommt, sagt sie: „Wenn du mehr mit ihm ______________________, __________ er eine Eins ______________! (lernen / schreiben können)
9. Wenn ich mir am Abend einen Liebesfilm anschaue, sagt sie: „Es _______ besser, wenn du dir einen Dokumentarfilm ______________________________! (sein / anschauen) Da ______________ du etwas __________! (lernen können)
10. Wenn sie mich doch nur endlich in Ruhe ____________________! (lassen)

Das kann ich schon: Wenn ich höflich um etwas bitte, brauche ich den Konjunktiv II, z. B.: *Ich hätte gern ein Glas Wasser. / Würden Sie bitte das Fenster öffnen?*

Wann brauche ich den Konjunktiv II?
Wenn Sie über irreale Situationen sprechen.

! Tipp

Wie bilde ich den Konjunktiv II?
Bei *sein, haben, werden* und den Modalverben: Verben im Präteritum + Umlaut + Konjunktiv-Endung (*ich wäre / ich hätte / ich würde / ich könnte*)
Bei allen anderen Verben: *würden* + Infinitiv (*ich würde machen*)
Ein paar unregelmäßige Verben werden auch in der Konjunktiv-II-Form gebraucht: *kommen, gehen, tun, lassen, schreiben, bleiben, wissen*: *ich käme, ginge, täte, ließe, schriebe, bliebe, wüsste*

N9 Die harte Realität!

Bilden Sie einen irrealen Satz im Konjunktiv II.

1. *Wenn das Wetter schön wäre, würde ich jetzt spazieren gehen.*

   Aber das Wetter ist nicht schön und ich gehe jetzt nicht spazieren.

2. ______________________________

   ____

   Aber ich kann nicht singen und bin keine Opernsängerin.

3. ______________________________

   Aber ich bin kein Millionär und kaufe keine Villa am Meer.

4. ______________________________

   Aber Stefan hat keinen Hund und kann nicht jeden Tag mit ihm joggen gehen.

5. ______________________________

   Aber meine Kinder kochen nicht gern und ich muss jeden Tag für die Familie kochen.

6. ______________________________

   Aber du lernst nicht viel und hast in der Schule keine guten Noten.

7. ______________________________

   Aber wir haben nicht genug Geld und machen im Sommer nicht Urlaub auf den Malediven.

N10 Ach, wenn doch nur ...!

Ergänzen Sie die Verben in der richtigen Form.

1. Es regnet so stark. Wenn doch endlich der Bus *kommen würde* / *käme*! (kommen)
2. Meine kurzen Haare sind langweilig. Wenn ich doch lange Haare ________! (haben)
3. Jetzt ist er schon fünf Wochen in Afrika. Wenn mein Schatz mir nur endlich einen Brief ________________ / ____________! (schreiben)
4. Gestern Abend habe ich wohl zu viel getrunken. O je, wenn mein Kopf nur nicht so weh ____________ / ______! (tun)
5. Ich glaube, ich habe mich verlaufen. Wenn ich nur den richtigen Weg ______________ / __________! (wissen)
6. Morgen fährt unser nettes Au-pair-Mädchen wieder zurück nach Hause. Wenn sie doch immer bei uns ______________ / __________! (bleiben)
7. Ich bin schon so müde. Wenn unsere Gäste doch endlich nach Hause ______________ / __________! (gehen)
8. Ich will nichts von diesem Typ wissen. Wenn er mich nur endlich in Ruhe ______________ / ________! (lassen)

N11 ... dann wäre alles anders gekommen!

Ordnen Sie die passenden Satzteile einander zu.

1. Wenn ich meinen Schlüssel nicht vergessen hätte,
2. Wenn der Unterricht nicht so langweilig gewesen wäre,
3. Wenn mein Mann nicht verschlafen hätte,
4. Wenn sie sich besser auf die Prüfung vorbereitet hätte,
5. Wenn der Taxifahrer schneller gefahren wäre,
6. Wenn es am Wochenende nicht geregnet hätte,
7. Wenn ich nicht zwei Tafeln Schokolade gegessen hätte,
8. Wenn ich Geld hätte,
9. Wenn er nicht so viel arbeiten müsste,
10. Wenn Sie nicht so leise sprechen würden,

a) hätte ich das Flugzeug nicht verpasst.
b) wären wir zum Schwimmen an den See gefahren.
c) wäre mir jetzt nicht so schlecht.
d) würde ich mir ein neues Auto kaufen.
e) könnte er mehr Zeit mit seinen Kindern verbringen.
f) könnte ich Sie besser verstehen!
g) wäre er nicht zu spät zu seinem Meeting gekommen.
h) könnte ich jetzt in meine Wohnung.
i) wäre sie nicht durchgefallen.
j) wäre ich nicht eingeschlafen.

1.	2.	3.	4.	5.	6.	7.	8.	9.	10.
h)									

N12 ..., als ob er traurig wäre.

Bilden Sie Antwortsätze und setzen Sie die Verben in die richtige Form.

1. ● Was ist denn mit Peter los?

   ■ Ich weiß nicht. *Er sieht aus, als ob er traurig wäre.*

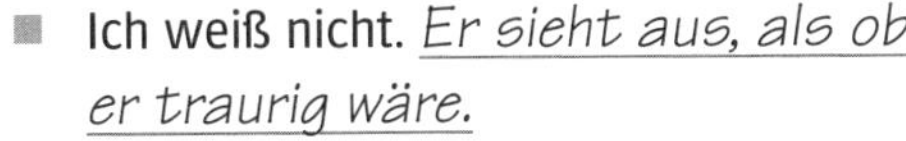

er • aussehen • als ob • sein • traurig • er

2. ● Denkst du, das Wetter hält noch? Ich möchte so gern grillen heute Abend!

   ■ Das könnte schwierig werden. ______________________________

   ____

es • regnen • aussehen • bald • es • als ob

3. ● Du, wie viel hat dein Freund eigentlich heute Abend getrunken?

   ■ Ich habe nicht darauf geachtet. ______________________________

   ____

er • reden • aber • als ob • zu viel • er • getrunken haben • so

4. ● Oh, dein armer Mann ist ja völlig überarbeitet!

   ■ Ach ja? Wenn du mich fragst, ______________________________

   ____

   Eigentlich hat er ein ganz entspanntes Leben!

nur so • er • tun • als ob • viel Stress • er • haben

5. ● Ach, dein Bruder ist wunderbar! Er geht so gern mit mir ins Konzert!

   ■ Das macht er nur aus Liebe zu dir! ______________________________

   ____

nur so • als ob • musikalisch sein • er • tun • er

N13 Öffentliche Bekanntmachungen

Bilden Sie Sätze im Präsens Passiv.

1. *Um 8 Uhr wird die Abendkasse geöffnet.*

um 8 Uhr • Abendkasse • öffnen

2. ____________________

wegen Bauarbeiten • die Linien U3 und U6 • für eine Stunde • schließen

3. ____________________

ab August • das Theater • renovieren

4. ____________________

hier • eine neue U-Bahn-Station • bauen

5. ____________________

die Besucher • im Museum • nicht zu fotografieren • bitten

6. ____________________

die Ausstellung • am 16. Mai • eröffnen

7. ____________________

Autos ohne Parkerlaubnis • von der Polizei • abschleppen

8. ____________________

die Funktion der Kamera • in der Gebrauchsanweisung • erklären

! Tipp

Wann brauche ich das Passiv?
Wenn nicht die Person wichtig ist, die handelt, sondern die Aktion oder das Resultat.
(*Der Patient wird heute Nachmittag operiert.*)
Wie bilde ich das Passiv?
werden + Partizip Perfekt

N14 Eine „To-do-Liste"

Machen Sie aus den Notizen ganze Sätze im Präsens Passiv.
Ergänzen Sie *müssen, dürfen, sollen* oder *können*.

Frau Weber plant eine Konferenz im nächsten Monat. Sie hat sich schon viele Notizen gemacht und klärt nun mit ihrer Assistentin die Organisation. Was muss alles gemacht werden?

1. Einladungen verschicken
2. Hotelzimmer reservieren
3. Technik nicht vergessen!
4. Referenten: Vorträge vorbereiten
5. Finanzierung klären
6. Konferenzraum buchen
7. Presse benachrichtigen (zwei Tage vor Konferenzbeginn)
8. Tagesordnung entwerfen

1. Die Einladungen *müssen* dringend *verschickt werden*.
2. Die Hotelzimmer ________ spätestens Ende der Woche ______________________.
3. Die Technik ________ nicht ______________________!
4. Die Vorträge ________ von den Referenten möglichst bald ______________________.
5. Die Finanzierung ______________________.
6. Der Konferenzraum ________ heute noch ______________________.
7. Die Presse ________ auch erst zwei Tage vor Konferenzbeginn ______________________.
8. Die Tagesordnung ______________________.

N15 Der Viktualienmarkt in München

Aktiv oder Passiv? Ergänzen Sie die Sätze in der richtigen Form. Vorsicht: Manche Lücken bleiben leer!

Der Münchner Viktualienmarkt *ist* ein großer Platz im Zentrum der Stadt ________ (sein). Seit 1806 ______ hier Obst und Gemüse ____________ (verkaufen), aber auch Brot, Fleisch oder Käse _______ es hier ________ (geben). Mitten auf dem Marktplatz _______ ein großer Maibaum ________ (stehen). Er ________ am 1. Mai mit einem frischen Kranz ______________ (schmücken) und _______ das traditionelle Handwerk in München ________ (zeigen). Auch einen gemütlichen Biergarten ______ es hier _______ (geben). Da _______ Bier _____________ (trinken), da ________ Würstel ___________ (braten) und Brezen ___________ (essen). Mit kleinen Brunnen ______ an berühmte bayerische Schauspieler ___________ (erinnern). Am Faschingsdienstag _______ hier den ganzen Tag über Fasching ___________ (feiern). Vormittags ______ man den traditionellen Tanz der Marktfrauen _______ (sehen können), und später ______ es Musik und natürlich jede Menge zu trinken ________ (geben). In den Bäckereien um den Marktplatz _________ Faschingskrapfen ___________ (verkaufen) und zu späterer Stunde – wenn man Glück hat – sogar ______________ (verschenken). Den Touristen _______ von den Stadtführern am Viktualienmarkt viel über die Münchner Geschichte ___________ (erzählen) – auf jeden Fall ______ dieser Platz einen Besuch wert _______ (sein)!

N16 Traditionen an Ostern

Setzen Sie die Sätze ins Passiv.

1. Osterfeuer

Am Karfreitag (Freitag vor Ostern) löschte man das Feuer im Ofen aus. Dann holte man in der Osternacht ein neues Licht von einer Kerze in der Kirche, trug es nach Hause und zündete damit das Feuer im Ofen wieder an.

Am Karfreitag *wurde* das Feuer im Ofen *ausgelöscht*. Dann ________ in der Osternacht ein neues Licht von einer Kerze in der Kirche __________, nach Hause ______________ und damit das Feuer im Ofen wieder __________________.

2. Fastenzeit

Zwischen Fasching und Ostern aß man nur das Nötigste, diese Zeit nannte man Fastenzeit. In den Klöstern braute man starkes Bier und trank es in dieser Zeit, weil Getränke das Fasten nicht brachen.

Zwischen Fasching und Ostern _________ nur das Nötigste ______________, diese Zeit __________Fastenzeit ____________. In den Klöstern _________ starkes Bier ____________ und in dieser Zeit _______________, weil durch Getränke das Fasten nicht __________________________.

3. Eier picken

An Ostern suchten die Kinder bunte hartgekochte Eier im Garten. Dann schlugen sie zwei Eier gegeneinander. Der Gewinner nahm das zerbrochene Ei seines Gegners.

An Ostern __________ von den Kindern bunte hartgekochte Eier im Garten ____________. Dann __________ zwei Eier gegeneinander _________________.
Das zerbrochene Ei des Gegners __________vom Gewinner _______________.

4. Traditionen an Ostern

Heute sind nur noch Reste dieser Traditionen lebendig. Aber immer noch isst man in der Zeit vor Ostern wenig Fleisch und Süßes, zündet beim Osterfrühstück eine Kerze an und schlägt die hartgekochten bunten Eier gegeneinander.

Heute sind nur noch Reste dieser Traditionen lebendig. Aber immer noch _______ in der Zeit vor Ostern wenig Fleisch und Süßes ______________, _______ beim Osterfrühstück eine Kerze __________________ und ____________die hartgekochten bunten Eier gegeneinander _________________.

N17 Der Chef hat schlechte Laune

Setzen Sie die Sätze ins Passiv Perfekt.

Der Chef zählt auf, was von seinen Mitarbeitern nicht erledigt worden ist:

1. *Der Vertrag mit unserem Partner in Hamburg ist nicht geschrieben worden.*

   den Vertrag mit unserem Partner in Hamburg schreiben

2. ______

   die Flüge nach London buchen

3. ______

   die Werbebriefe vor 17 Uhr zur Post bringen

4. ______

   den Termin bei der Messe absagen

5. ______

   die Handwerkerrechnung überprüfen

6. ______

   abends die Kaffeemaschine ausschalten

7. ______

   die Bürotür zuschließen

8. ______

   das Angebot für London ins Englische übersetzen

9. ______

   die leeren Kaffeetassen auf den Schreibtischen wegräumen

Vorsicht – im Passiv Perfekt bleibt von dem Hilfsverb *werden* nur noch *ist* ... *worden* (statt *ist geworden*!), z. B.: *Er ist operiert worden.*

N18 Besuch am Checkpoint Charlie in Berlin

Aktiv oder Passiv? Präsens, Präteritum oder Perfekt?
Setzen Sie die Verben in Klammern in die richtige Form.

„Hier, meine Damen und Herren, sehen Sie den bekanntesten Grenzübergang Berlins.

1. Er *wird* ‚Checkpoint Charlie' *genannt* (nennen).
2. Durch diesen Punkt ______ die Mauer ______________ (verlaufen), die seit 1961 die Bundesrepublik Deutschland von der Deutschen Demokratischen Republik ________________ (teilen).
3. Mitten durch Berlin ______ diese Mauer ______________ (gehen).
4. Der Checkpoint Charlie __________ nur von Menschen mit politischen Funktionen ______________________ (benutzen dürfen).
5. Hier _____ vor dem Fall der Mauer auf Flüchtlinge ____________________________ (schießen).
6. 1990 _____ der Kontrollpunkt __________________________ (abbauen).
7. Heute ________ er im Berliner Alliierten Museum ____________________________ (besichtigen können).
8. Im ‚Haus am Checkpoint Charlie' _____ ein Fluchtmuseum ______________________________ (einrichten).
9. Dort __________ Geschichten von abenteuerlichen Fluchtversuchen ___________ (erzählen), z. B. von dem 140 Meter langen Tunnel, der unter der Mauer _______________________________ (graben).
10. 1964 _______ durch diesen Tunnel 57 Menschen _____________ (fliehen).

Lassen Sie uns nun dieses eindrucksvolle Museum besuchen!"

N19 Szenen aus dem Alltag

Kombinieren Sie die richtigen Satzteile.

1. Anna sitzt am Schreibtisch und träumt
2. Mama öffnet die Post und ärgert sich
3. Der Nachbar klingelt und bedankt sich
4. Phillip streitet laut
5. Papa beklagt sich
6. Oma ruft an und erkundigt sich
7. Der kleine Peter erzählt
8. Mama sagt zu Phillip: „Entschuldige dich
9. Papa hat schrecklich Hunger und wartet
10. Onkel Alfons ruft an und lädt alle

a) für das Blumengießen während seines Urlaubs.
b) über seinen Chef.
c) von seinem Tag im Kindergarten, aber keiner hört ihm zu.
d) bei deinem Bruder!“
e) nach der Adresse von Onkel Alfons.
f) von ihrem Biologielehrer.
g) mit seinem Zwillingsbruder.
h) auf das Abendessen.
i) zu seinem 85. Geburtstag ein.
j) über die Stromrechnung.

1.	2.	3.	4.	5.	6.	7.	8.	9.	10.
f									

Tipp Lernen Sie Verben und Präpositionen immer als feste Verbindungen, zusammen mit dem Kasus, z. B.: *denken an* (+Akk.)
Oft ist es einfacher, sich einen kleinen Satz zu merken, z. B.: *Ich denke an dich.*

N20 Woran denkst du denn?

Markieren Sie die richtigen Lösungen.

1. ● Du bist so schweigsam – <u>woran</u>/*worüber* denkst du denn die ganze Zeit?
   ■ Ach, ich muss immer *in/an* Martha denken. Gestern hat sie sich *mit/von* diesem Carlos verabredet, und ich weiß nicht, was ich *darüber/davon* halten soll.
   ● Mach dir *darüber/daran* keine Gedanken! Du kannst dich bestimmt *auf/an* sie verlassen, so verliebt, wie sie *in/über* dich ist!
   ■ Das beruhigt mich. Schließlich verstehst du etwas *über/von* Frauen ...!

---

2. ● Bald machen wir Urlaub in Dänemark. Ich hoffe so *darauf/daran*, dass wir gutes Wetter haben!
   ■ Ich drücke euch die Daumen! Du musst dich auch wirklich *vom/beim* Stress der letzten Wochen erholen.
   ● Ja, da hast du Recht. Ich träume schon jede Nacht *zu/von* meiner Arbeit.
   ■ Wann fahrt ihr los?
   ● Das hängt *daran/davon* ab, wann ich mit meinem Projekt fertig bin. Hoffentlich bald!

---

3. ● Nimmst du *an/in* der Konferenz nächsten Monat teil?
   ■ Ja, ich wollte schon – und du?
   ● Ich muss mich noch *für/um* ein Flugticket kümmern. Und ich werde dieses Mal *an/gegen* die Organisatoren schreiben, dass sie *dafür/darum* sorgen sollen, mir ein wirklich gutes Hotelzimmer zu geben. Das letzte Mal konnte ich wegen des Lärms keine Nacht schlafen und mich am nächsten Tag *auf/über* keinen Vortrag konzentrieren.
   ■ Hast du dich nicht *beim/vom* Hoteldirektor *über/um* den Lärm beschwert?
   ● Doch, aber der konnte nichts *dafür/dagegen* machen. Es gab keine Zimmer mehr.

! Tipp

Bei Fragen nach einer Sache oder einem Thema: *wo* + *(r)* + Präposition
Bei Fragen nach einer Person: Präposition + *wen/wem*
Bei Bezug auf den vorangegangenen Satz oder den nachfolgenden Nebensatz: *da* + *(r)* + Präposition

N21 Ich möchte mehr wissen!

Ergänzen Sie die passenden Fragewörter. Wenn es sich um eine Sache oder eine Person handeln kann, müssen Sie beides ergänzen.

1. ● Ich ärgere mich so wahnsinnig!
   ■ *Über wen oder worüber?*
   ● Über mein schlechtes Prüfungsergebnis!

2. ● Ich habe die ganze Nacht nicht geschlafen und nachgedacht ...
   ■ ______________________________
   ● Über alles, was ich in nächster Zeit tun muss.

3. ● Ich sollte dich erinnern!
   ■ ______________________________
   ● Das weiß ich doch nicht, das solltest du wissen!

4. ● Hast du dich schon bedankt?
   ■ ______________________________
   ● Bei unseren Nachbarn, fürs Blumengießen während unseres Urlaubs!

5. ● Die Butter schmeckt irgendwie komisch.
   ■ ______________________________
   ● Nach altem Käse oder so ...

6. ● Ich muss mich dringend erholen.
   ■ ______________________________
   ● Von meinem stressigen Deutschkurs!

7. ● Ach, gestern Abend habe ich mich schrecklich verliebt ...
   ■ ______________________________
   ● In diesen netten Typen, mit dem ich so lange an der Bar gestanden habe.

N22 Zu wenig Zeit …

Ergänzen Sie die Sätze.

darüber • um • darauf • an • auf • auf • darüber • von • ~~davon~~ •
dafür • mit • darunter • für • mit • davon • mit • daran

Liebes Tagebuch,

was für schwierige Zeiten! So viel hängt *davon* (1) ab, ob ich ____ (2) den Schwimmwettkämpfen nächsten Monat teilnehmen darf. Ich bereit mich schon täglich ____________ (3) vor und trainiere wie verrückt, aber andererseits muss ich mich auch ______ (4) mein Studium konzentrieren. Das fällt schwer!
Und Joachim beklagt sich ______________ (5), dass ich so wenig Zeit ______ (6) ihn habe. Wenn ich mich ______ (7) ihm verabredet habe, freue ich mich immer riesig ______ (8) den Abend, aber dann streiten wir uns doch meistens ______________ (9), dass ich mich zu wenig ____ (10) ihn kümmere. Er versteht einfach nichts ______ (11) Leistungssport – aber wenn er ______ (12) mir zusammen sein will, muss er sich __________ (13) gewöhnen! Er kann mich nicht __________ (14) überzeugen, dass ich ______ (15) dem Training aufhöre!
Aber ich leide wirklich ________________ (16), denn ich liebe ihn doch …
Ich glaube, ich muss __________ (17) sorgen, dass er das alles weniger dramatisch sieht.

Tschüs, Tagebuch!

Deine schwimmende und kämpfende Vroni

N23 Auf Händen getragen!

Bilden Sie die Sätze mit den Verben *brauchen* und *lassen*.

Mathilda hat einen reichen Manager geheiratet. Bereits am ersten Tag ihrer Ehe hält er sie liebevoll davon ab, etwas im Haus zu tun:

1. Bereite das Frühstück nicht vor (brauchen). Das macht unsere Küchenhilfe (lassen).

   Du brauchst das Frühstück nicht vorzubereiten, lass das unsere Küchenhilfe machen!

2. Gieß nicht die Blumen. Unser Gärtner arbeitet im Garten.

   ___

3. Geh nicht zum Einkaufen. Das kann unser Hausmädchen machen.

   ___

4. Räum nicht das Wohnzimmer auf. Unsere Hausdame sorgt für Ordnung.

   ___

   Bald fängt Mathilda auch damit an und sagt zu ihrem Mann:

5. Fahr dein Auto nicht selbst. Unser Chauffeur bringt dich in die Firma.

   ___

6. Schreib deine Briefe nicht selbst. Dein Sekretär erledigt das.

   ___

   Doch dann kommt die große Wirtschaftskrise und sie ändern ihre Meinung:

7. Bezahlen wir nicht so viel Personal. Wir erledigen alle Arbeit selbst.

   ___

... und plötzlich war ihr Leben nicht mehr so langweilig!

 **Tipp** *brauchen ... zu* + Negation hat dieselbe Bedeutung wie *nicht müssen*

N24 Namensalphabet

Ergänzen Sie *zu*, wenn es nötig ist.

1. Anton hat Angst, im Dunkeln _zu_ schlafen.
2. Berta würde jetzt gern ans Meer ____ fahren.
3. Corinna hört den ganzen Tag ihre Nachbarin Klavier ____ spielen.
4. Daniel will sich morgen die Haare schneiden ____ lassen.
5. Erich sagt, dass es wichtig ist, sich gesund ____ ernähren.
6. Friedrich findet es interessant, Wirtschaft ____ studieren.
7. Günther versucht Inliner ____ fahren.
8. Hannes beginnt einen Keramikkurs ____ machen.
9. Ilse hilft der alten Dame die Einkaufstasche ____ tragen.
10. Jörg lernt Gitarre ____ spielen.
11. Karin braucht heute nicht ins Büro ____ gehen.
12. Linda freut sich, bald ihre Großmutter ____ sehen.
13. Melissa stellt sich vor, am Meer in der Sonne ____ liegen.
14. Niko bleibt auf seinem Platz ____ sitzen.
15. Oskar soll die Küche alleine auf____räumen.
16. Philippa hofft, einen netten jungen Mann kennen ____ lernen.
17. Anneli hat keine Lust, ihre Arbeit fertig ____ machen!

Kein Infinitiv mit *zu* steht
bei Sätzen mit Hilfsverben (z. B.: *Ich würde das nicht tun.*)
bei den Modalverben (z. B.: *Er will seinem Vater helfen.*)
bei *lassen, hören/sehen/fühlen, bleiben, gehen/fahren, helfen* und *lernen*
(z. B.: *Sie hört ihren Mann nach Hause kommen.*)

N25 *mir* oder *mich*, das verwechsle ich nicht …

Ergänzen Sie die Reflexivpronomen im Dativ oder im Akkusativ.

1. ● Darf ich mir heute kurze Hosen anziehen, Mama?
   ■ Nein, es ist noch zu kalt. Zieh _______ bitte wärmer an!
2. ● Kann ich _____ heute Nachmittag dein Fahrrad ausleihen?
   ■ Tut mir leid, das hat _______ gestern schon mein Bruder geliehen.
3. ● Ach, ich brauche so dringend mal Urlaub, aber ich kann _____ nichts Teures leisten!
   ■ Wenn du _____ das gut überlegst, findest du bestimmt auch eine günstige Lösung!
4. ● Um 20 Uhr beginnt der Empfang. Möchtest du _______ vorher noch umziehen?
   ■ Ja, aber ich brauche nicht lange. Treffen wir _____ um zehn vor acht in der Hotelhalle?
5. ● Ich bedanke _______ ganz herzlich für die schönen Blumen!
   ■ Gern geschehen! Ich bin ganz stolz, dass ich _____ deinen Geburtstag gemerkt habe!
6. ● Ich muss _______ für die Verspätung entschuldigen – es tut mir so leid!
   ■ Kein Problem, ich bin froh, dass Sie da sind! Ich hatte _____ schon Sorgen gemacht, dass Sie _______ in der fremden Stadt verlaufen haben!
7. ● Stell _____ vor, mein Vater möchte nächsten Monat heiraten – zum vierten Mal!
   ■ Der verliebt _______ aber schnell! Ich kann _______ noch gut an die letzte Hochzeit erinnern, das ist noch nicht so lange her!

Tipp Wenn es in einem Satz kein Akkusativ-Objekt gibt, steht das Reflexivpronomen im Akkusativ (z. B.: *Ich wasche mich.*)
Wenn es ein Akkusativ-Objekt gibt, steht das Reflexivpronomen im Dativ (z. B.: *Ich wasche mir die Hände.*)

0. Satz

00 Auf hoher See

Welche Sätze sind korrekt? Kreuzen Sie an.

1. ☒ Am Morgen sieht Michael aus dem Fenster und freut sich über den sonnigen Tag.
   ☐ Am Morgen Michael sieht aus dem Fenster und freut sich über den sonnigen Tag.
   ☐ Am Morgen sieht Michael aus dem Fenster und sich freut über den sonnigen Tag.

2. ☐ Endlich ist der Winter vorbei und er kann fahren wieder zu seinem Schiff an den See.
   ☐ Endlich der Winter ist vorbei und er kann wieder zu seinem Schiff an den See fahren.
   ☐ Endlich ist der Winter vorbei und er kann wieder zu seinem Schiff an den See fahren.

3. ☐ Er holt sein Fahrrad aus der Garage und nach zehn Minuten kommt er am See an.
   ☐ Er holt aus der Garage sein Fahrrad und kommt er nach zehn Minuten am See an.
   ☐ Er holt sein Fahrrad aus der Garage und am See nach zehn Minuten kommt er an.

4. ☐ Doch dort ist er alleine nicht.
   ☐ Doch ist er dort nicht alleine.
   ☐ Doch dort ist er nicht alleine.

5. ☐ Eine Ente sitzt auf einem Ei in seinem Schiff und möchte nicht gestört werden.
   ☐ Eine Ente sitzt in seinem Schiff auf einem Ei und möchte nicht gestört werden.
   ☐ Eine Ente sitzt in seinem Schiff auf einem Ei und möchte gestört nicht werden.

6. ☐ Michael überlegt kurz, was er tun kann, und zum Schwimmen geht erst einmal.
   ☐ Michael überlegt kurz, was er tun kann, und geht erst einmal zum Schwimmen.
   ☐ Michael überlegt kurz, was er kann tun, und geht erst einmal zum Schwimmen.

7. ☐ Dann denkt er, dass er lieber eine Radtour macht und die Ente nicht stört.
   ☐ Dann denkt er, dass er eine Radtour lieber macht und die Ente nicht stört.
   ☐ Dann denkt er, dass er lieber eine Radtour macht und stört die Ente nicht.

8. ☐ Nach ein paar Wochen kommt er wieder zum Schiff, und sieht mit ihrem Kind am Ufer die Ente schwimmen.
   ☐ Wieder kommt er zum Schiff nach ein paar Wochen, und sieht die Ente mit ihrem Kind am Ufer schwimmen.
   ☐ Nach ein paar Wochen kommt er wieder zum Schiff, und sieht die Ente mit ihrem Kind am Ufer schwimmen.

9. ☐ Jetzt kann er auf sein Schiff endlich!
   ☐ Jetzt kann er endlich auf sein Schiff!
   ☐ Auf sein Schiff endlich kann er jetzt!

Das kann ich schon: Grundregeln der Satzstellung

O

01 Deswegen ist sie so dick!

Kombinieren Sie die passenden Satzteile.

1. Sie hat ein sehr gutes Abitur geschrieben,
2. Mein Sohn geht mir manchmal auf die Nerven,
3. Josef liebt das Theater,
4. Die Katze frisst und schläft den ganzen Tag,
5. Ich sollte abnehmen,
6. Jürgen arbeitet gern im Garten,
7. Er verdient sehr gut,
8. Meine Tochter liegt mit Grippe im Bett,
9. Ich freue mich auf den Besuch meines Schwiegervaters,
10. Lucia hat einen deutschen Freund,

a) deshalb besucht er eine Schauspielschule.
b) deswegen ist sie so dick.
c) darum blühen dort die schönsten Blumen.
d) dennoch hat er nie Geld.
e) trotzdem liebe ich ihn sehr.
f) jedoch will er eine ganze Woche bleiben.
g) darum möchte sie gut Deutsch lernen.
h) trotzdem will sie nicht Medizin studieren.
i) also gehe ich jetzt jeden Tag zum Laufen.
j) daher kann sie am Schulausflug nicht teilnehmen.

1.	2.	3.	4.	5.	6.	7.	8.	9.	10.
h									

! Tipp *deshalb*, *deswegen*, *darum* und *daher* haben die gleiche Bedeutung, ebenso wie *trotzdem* und *dennoch*.
Im Hauptsatz stehen sie auf Position 1 oder 3.

02 So viele Fragen ...

Ergänzen Sie die Relativpronomen.

1. ● Mama, was ist eine Bundeskanzlerin?
   ■ Das ist eine Frau, *die* zusammen mit den Ministern Deutschland regiert.

2. ● Und was ist der Tag der deutschen Einheit?
   ■ Das ist der Nationalfeiertag, ______ Deutschland wegen der Wiedervereinigung feiert.

3. ● Und was ist die Wiedervereinigung?
   ■ Das ist das Ereignis, ______ aus der BRD und der DDR wieder ein Deutschland gemacht hat.

4. ● Und was ist der Reichstag?
   ■ Das ist ein altes, schönes Gebäude in Berlin, in ______ das Parlament arbeitet.

5. ● Mama, was ist das Oktoberfest?
   ■ Das ist ein großes Volksfest, ______ jeden Herbst in München gefeiert wird und bei ______ viel Bier getrunken wird.

6. ● Mama, was für eine Stadt ist Weimar?
   ■ Eine kleine Stadt, ______ in Thüringen liegt und in ______ Goethe und Schiller gelebt und geschrieben haben.

7. ● Weißt du, was der Brocken ist?
   ■ Ja, das ist ein Berg, ______ in Mitteldeutschland liegt und auf ______ die Hexen in der Nacht zum ersten Mai die Walpurgisnacht feiern – heißt es in alten Geschichten!

8. ● Huch, gruselig! Und, Mama, ...
   ■ Weißt du was?
   ● Nein?
   ■ Meine Tochter ist das Kind, ______ auf der ganzen Welt die meisten Fragen stellt!

Tipp Die Relativpronomen sind identisch mit den bestimmten Artikeln, außer im Dativ Plural (*den**en***) und im Genitiv (*dess**en**, der**en***)

03 Kennst du eigentlich ...?

Ergänzen Sie die Sätze mit den Relativpronomen aus dem Kasten.

aus dem • in der • das • die • ~~der~~ • die • über das •
mit denen • durch den • aus der • mit dem • die

1. ● Kennst du eigentlich den Film ,Casablanca'?

   ■ Das ist doch der Film,

   der 1942 in Marokko spielt.

   ________ das Zitat ist: „Schau mir in die Augen, Kleines!"

   ________ Humphrey Bogart zum Star wurde.

2. ● Kennst du eigentlich die Oper ,Don Giovanni'?

   ■ Klar, das ist doch die Oper,

   ______ Wolfgang Amadeus Mozart geschrieben hat.

   ________ so viele berühmte Melodien stammen.

   ________ ich schon als Kind einmal war.

3. ● Kennst du eigentlich das Buch ,Der Steppenwolf' von Hermann Hesse?

   ■ Ja, das ist ein Buch,

   ______ ich mit 16 Jahren gelesen und noch nicht ganz verstanden habe.

   ________ ich mich später noch einmal beschäftigt habe.

   ________ sehr viel geschrieben wurde.

4. ● Kennst du eigentlich die ,Toten Hosen'?

   ■ Natürlich, die haben Songs geschrieben,

   ________ ich noch besser Deutsch gelernt habe!

   ______ ich eine Zeit lang Tag und Nacht gehört habe.

   ______ man wirklich gut verstehen kann.

Bei einem Verb mit Präposition bleibt die Präposition vor dem Relativpronomen stehen und bestimmt den Kasus des Relativpronomens

04 Ein altes Familienalbum

Ergänzen Sie die Relativpronomen aus dem Kasten.

die • den • dem • der • die • denen • die • der • ~~den~~ • der

- Opi, erklär doch mal, wer das alles ist!
- Schau mal, das hier ist dein Großonkel Friedrich. Das ist der, *den* (1) seine Frau nach einem Monat Ehe verlassen hat, obwohl er wirklich nett war! Und hier ist Großmama Theresia, ______ (2) aus Österreich stammte. Sie hatte drei Töchter – die älteste, ______ (3) später der Hof gehörte, hier die mittlere, ______ (4) nach Amerika ausgewandert ist, und hier die jüngste, ______ (5) später so ein schlimmer Reitunfall passiert ist. Auf dem Foto siehst du die Söhne meines Bruders Eckart. Das sind deine Onkel, ________ (6) du nur einmal vor fünf Jahren begegnet bist. Der hier, ______ (7) seine Frau gerade einen Kuss gibt, ist Arzt geworden. Und das ist der Jüngste, ______ (8) ich am liebsten mag. Hier vorne sind noch ganz alte Fotos, ______ (9) bei einem Fotografen gemacht wurden. Der hier in der Mitte, ______ (10) so ernst schaut, ist dein Urgroßvater. Eigentlich siehst du ihm ziemlich ähnlich!

05 Traumpartner

Ergänzen Sie die fehlenden Relativpronomen mit Präposition.

1. Ich wünsche mir einen Partner, ...

von dem alle Frauen träumen.

_____________ ich mich über alles unterhalten kann.

_____________ mich auf Händen trägt.

_____________ ich alle Wünsche erfüllt bekomme.

_____________ ich mich jeden Tag freue.

_____________ ich stolz bin.

2. Ich wünsche mir eine Partnerin, ...

_____________ ich über alles lachen kann.

_____________ ich mich sofort verliebe.

_____________ sich auch meine Freunde gut verstehen.

_____________ auch Spaß an Sport hat.

_____________ Kinder kein Problem sind.

_____________ ich über interessante Themen diskutieren kann.

06 Das Buch, von dem du erzählt hast

Verbinden Sie die beiden Sätze mit einem Relativpronomen.

1. Leih mir bitte das Buch. Du hast letzte Woche so begeistert von dem Buch erzählt.

   Leih mir bitte das Buch, von dem du letzte Woche so begeistert erzählt hast.

2. Morgen stelle ich dir unseren neuen Mitarbeiter vor. Du wirst ab nächster Woche mit ihm zusammenarbeiten.

   ____

   ____

3. Endlich hat sich Karl mit der Frau verabredet. Er muss ständig an sie denken.

4. Bitte, Alexander, triff dich nicht mehr mit den Jungen! Du streitest sowieso immer nur mit ihnen.

5. Der Deutschkurs beginnt am 4. Mai. Chantal möchte daran teilnehmen.

6. Ich möchte Ihnen den Institutsleiter vorstellen. Sie dürfen sich gerne mit Fragen und Problemen an ihn wenden.

7. Das hier sind meine Freunde Jim und Joe. Ich habe dir schon viel von ihnen erzählt!

Der Relativsatz steht direkt hinter dem Wort, auf das er sich bezieht.
Ausnahme: Wenn nach dem Relativsatz nur noch ein Wort kommen würde, wird das oft vorgezogen:
Sie kaufte in dem Geschäft, das ihre Freundin empfohlen hatte, ein.
besser: *Sie kaufte in dem Geschäft ein, das ihre Freundin empfohlen hatte.*

07 Auf dem roten Teppich

Verbinden Sie die beiden Sätze mit Relativpronomen im Genitiv.

Filmfestspiele in Cannes. Prominente Schauspieler, elegant gekleidet, werden von den Fans bewundert und von den Reportern kommentiert:

1. Hier kommt Johnny Depp. Sein Auftreten wird von einem Aufschrei seiner Fans begleitet.

   Hier kommt Johnny Depp, dessen Auftreten von einem Aufschrei seiner Fans begleitet wird.

2. Soeben steigt Natalie Portman aus dem Taxi. Ihr fantasievoll geschnittenes Abendkleid betont ihre schmale Figur.

3. Penélope Cruz geht sicher über den roten Teppich. Ihre Absätze sind bestimmt 20 Zentimeter hoch.

4. Mickey Rourke ist in Begleitung einer jungen Schönheit. Seine Lederjacke sieht aus wie eine Schlangenhaut.

5. Brad Pitt und Angelina Jolie lächeln in die Kameras. Ihre sechs Kinder sind in den USA geblieben.

6. Schließlich fährt auch Woody Allen vor. Seine große Hornbrille ist sein Markenzeichen.

08 Viel Deutsches

Verbinden Sie die passenden Satzteile mit den Relativpronomen *wo* oder *was*.

1. Berlin ist die Stadt,
2. Die Schweiz ist ein Land,
3. Über Deutschland habe ich vieles gelesen,
4. ‚Englischer Garten' heißt der Park in München,
5. In seiner Heimatstadt gibt es nichts,
6. Der Hafen ist bis jetzt leider alles,
7. Das Bier ist das,
8. Nordrhein-Westfalen ist das Bundesland,
9. Sanssouci heißt das Schloss in Potsdam,
10. Sie hat eine lange Reise durch Deutschland gemacht,

a) _______ mich interessiert.
b) _______ ihr sehr gut gefallen hat.
c) _______ ich von Hamburg gesehen habe.
d) _____ vier Sprachen gesprochen werden.
e) _____ es am meisten Industrie gibt.
f) *wo* das deutsche Parlament regiert.
g) _______ er noch nicht gesehen hätte.
h) _____ die preußischen Könige gelebt haben.
i) _____ ich mich am besten erhole.
j) _______ Bayern in der Welt bekannt gemacht hat.

1.	2.	3.	4.	5.	6.	7.	8.	9.	10.
f									

Tipp Nach Stadt, Land oder Ortsangabe ist das Relativpronomen ***wo***.
Auf *alles, nichts, etwas, vieles* und *das* folgt das Relativpronomen ***was***.

09 Erste Bekanntschaft

Ergänzen Sie die Relativpronomen und wo nötig eine Präposition.

1. Erzähl mir etwas aus deiner Kindheit, *was* du erlebt hast.
2. Hast du eine beste Freundin, __________ du dich immer verlassen kannst?
3. Wie heißt das Land, ________________ du am liebsten Urlaub machst?
4. Gibt es etwas, __________ du dich schrecklich ärgerst?
5. Erzähl mir, _____ du am liebsten am Wochenende machst.
6. Gibt es einen Menschen, ____________ du ein Jahr auf einer einsamen Insel leben könntest?
7. Hast du Eltern oder Großeltern, _________ du dich kümmerst?
8. Erzähl mir von etwas, ________ du Angst hast.
9. Gibt es etwas, ________ du dich nie gewöhnen könntest?
10. Gibt es etwas, __________ du immer lachen musst?
11. Gibt es ein Buch, _____ dich sehr beeindruckt hat?
12. Übrigens – du bist die schönste Frau, _____ ich jemals begegnet bin!

010 Zurück aus dem Urlaub

Markieren Sie die richtige Konjunktion.

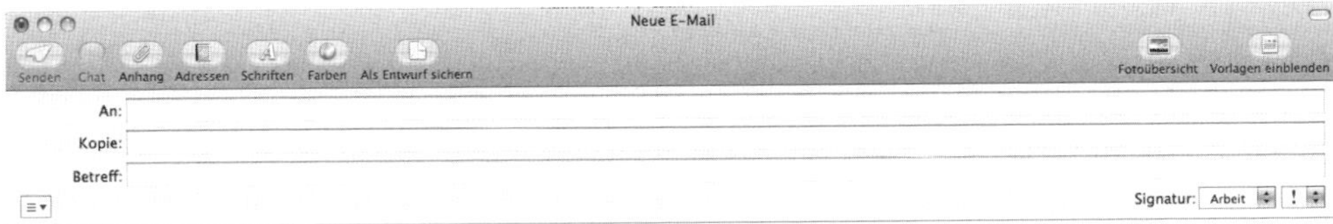

Liebe Erika,
seit gestern Abend sind wir wieder zu Hause. *Wenn/Als* (1) wir über die Alpen fuhren, fing es natürlich an zu regnen – willkommen daheim ...!
Wenn/Als (2) du Urlaub hast, musst du auch in die Toskana fahren! *Wenn/Als* (3) wir in unserem Ferienhaus ankamen, haben wir gleich Fahrräder gemietet und die Umgebung erkundet. Es gibt so viel zu sehen! Wir haben immer Städtetouren gemacht, *wenn/als* (4) das Wetter nicht so gut war, und *wenn/als* (5) die Sonne schien, sind wir ans Meer gefahren.
Stell dir vor: *Wenn/Als* (6) wir einen Tag in Florenz verbracht haben, hat Julius seinen Fotoapparat in einem Restaurant vergessen. Er hat dort sofort angerufen, *wenn/als* (7) er es bemerkt hat, und der Apparat war tatsächlich noch da!
Normalerweise passiert ja immer etwas, *wenn/als* (8) wir in Urlaub fahren, aber dieses Mal hatten wir Glück!
So, liebe Erika, *wenn/als* (9) ich jetzt alle Koffer ausgepackt habe, besuche ich!
Bis bald, deine Karla

011 ... und was hast du heute gemacht?

Verbinden Sie die einzelnen Stichpunkte vom Notizzettel zu ganzen Sätzen.

Ulrich erzählt von einer Konferenz, die den ganzen Tag gedauert hat.
Dann fragt er Karin, was sie heute alles gemacht hat.

1. Tanja in die Schule gegangen → Küche aufgeräumt — *Nachdem Tanja in die Schule gegangen war, habe ich die Küche aufgeräumt.*

2. Betten gemacht → Ida zum Kindergarten gebracht — *Bevor* ____________________

3. eingekauft → Kontoauszüge von der Bank geholt — *Nachdem* __________

4. Suppe gekocht und mit Omi telefoniert — *Während* __________

5. Tanja heim gekommen → zusammen gegessen — *Nachdem* __________

6. mit Tanja Hausaufgaben gemacht → Ida abgeholt — *Bevor* __________

7. am Spielplatz auf Ida aufgepasst und Vokabeln für Italienisch gelernt — *Während* __________

8. nach Hause gekommen → im Garten Blumen gegossen — *Nachdem* __________

9. Abendessen vorbereitet → mit den Kindern gegessen — *Nachdem* __________

10. Ida ins Bett gebracht → mit Tanja Federball gespielt — *Bevor* __________

Bei *nachdem* steht der Nebensatz im Plusquamperfekt und der Hauptsatz im Präteritum (oder Perfekt), oder der Nebensatz steht im Perfekt und der Hauptsatz im Präsens.

012 Am Sonntag will mein Süßer mit mir Segeln gehen!

Ergänzen Sie die fehlenden temporalen Konjunktionen *nachdem, bevor, seitdem, als, wenn, während, sobald.*

- ● Was machst du denn am Wochenende, *wenn* (1) das Wetter schön ist?
- ■ ________ (2) es windig wird, gehe ich zum Segeln. Und du? Kommst du mit?
- ● Ich muss noch so viel für meine Prüfung lernen. ________ (3) ich irgendetwas unternehmen kann, sollte ich wenigstens drei Stunden gelernt haben.
- ■ Aber würdest du mitkommen, ________ (4) du gelernt hast? Du könntest ja auch auf dem Schiff lernen, ________ (5) wir segeln!
- ● Ach, ich weiß nicht, ______ (6) ich das letztes Jahr einmal versucht habe, konnte ich mich gar nicht konzentrieren. Eigentlich kann ich nur gut lernen, ________ (7) ich an meinem Schreibtisch sitze.
- ■ Schade. Aber pass auf, ich habe einen guten Plan: Wir stehen früh auf, und ________ (8) du dich an den Schreibtisch setzt, duschst du kalt. ________ (9) du lernst, mache ich uns ein wunderbares Frühstück, und ________ (10) du fertig bist, frühstücken wir und fahren dann zum Segeln. ________ (11) wir einen super Segeltag hatten, kannst du am Abend noch mal lernen.
- ● Was täte ich nur ohne dich! ________ (12) wir zusammen sind, muss ich gar nicht mehr selber denken ...

Wenn in der Vergangenheit etwas einmal passierte, gebraucht man *als*.
Wenn in der Vergangenheit etwas wiederholt passierte, gebraucht man *wenn*.
In Gegenwart und Zukunft gebraucht man auch *wenn*.

013 Fahrrad oder Motorrad?

Ergänzen Sie *weil* oder *obwohl*.

Ich glaube, ich möchte ein gutes Fahrrad kaufen,

1. *weil* ich gerne Sport mache.
2. ______ Rad fahren die Umwelt schont.
3. ______ ein Motorrad viel schneller ist.
4. ______ ich mich dann jeden Tag an der frischen Luft bewege.
5. ______ ich Motorrad fahren viel cooler finde.
6. ______ ich mit einem Motorrad auch weite Reisen machen kann.
7. ______ ich dann bald eine sehr gute Kondition haben werde.
8. ______ Motorrad fahren bequemer ist.

Oder soll ich lieber ein Motorrad kaufen,

9. ______ meine Freundin dagegen ist?
10. ______ ich schon lange davon träume?
11. ______ es viel teurer ist?
12. ______ mit dem Motorrad viele Unfälle passieren?

014 Wie im richtigen Leben

Verbinden Sie die folgenden Sätze mit den Konjunktionen *wenn*, *falls*, *weil* und *da*.

1. ● Markus, ich komme heute vielleicht ein bisschen später zu unserem Meeting, *weil* ich davor noch einen Zahnarzttermin habe.

   ■ In Ordnung, Jens. Sollen wir denn schon mit der Besprechung anfangen, ________ alle anderen schon da sind?

   ● Klar. ________ ich etwas Wichtiges verpasse, kann ich es ja auch im Protokoll nachlesen.

2. ● Immobilienbüro Häusler, guten Tag!

   ■ Guten Tag, hier spricht Gerbach. Ich interessiere mich für die Zwei-Zimmer-Wohnung im Zentrum. ________ sie noch nicht vermietet ist, möchte ich sie gerne anschauen!

   ● Gern, Frau Gerbach. Wir haben zwar einen Interessenten, ____ er sich aber noch nicht entschieden hat, können Sie die Wohnung gerne besichtigen. Hätten Sie morgen Vormittag Zeit?

   ■ ________ es für Sie vor zehn Uhr möglich wäre, könnte ich gern morgen Vormittag kommen.

   ● Ja, das passt gut. Kommen Sie mit dem Auto?

   ■ Ja, warum?

   ● ________ es tagsüber schwierig ist, einen Parkplatz zu finden. Kommen Sie besser mit der U-Bahn!

3. ● Du Brigitte, wollen wir übers Wochenende nach Salzburg fahren?

   ■ Das ist eine super Idee! ________ das Wetter schön ist, könnten wir gleich nächstes Wochenende fahren!

   ● Das übernächste wäre noch besser, ____ der 1. Mai ein Montag ist und wir so drei freie Tage hätten.

   ■ Schade, da kann ich nicht, ________ mein Vater Geburtstag hat.

   ● Na, ________ du einverstanden bist, fahren wir gleich am nächsten Wochenende!

   ■ Ja, gern!

! Tipp

da steht bei einem Grund, der allgemein bekannt ist.
weil ist die Antwort auf die Frage *warum?*

015 Verschiedene Ziele und Pläne

Verbinden Sie die beiden Hauptsätze zu einem Haupt- und einem Nebensatz und benützen Sie *damit* oder *um ... zu*.

Georg spart sein ganzes Geld, ...

1. Seine Kinder sollen einmal studieren können.
   damit seine Kinder einmal studieren können.
2. Er will sich einen Porsche kaufen.
   ____
3. Er möchte mit seiner Frau in zwei Jahren eine Weltreise machen.
   ____
   ____
4. Sein Haus soll in zehn Jahren renoviert werden können.
   ____
   ____

Sebastian baut einen Zaun um seinen Garten, ...

5. Von der Straße soll man nicht hineinschauen können.
   ____
   ____
6. Er möchte seine Ruhe haben.
   ____

Thomas kauft sich einen roten Ferrari, ...

7. Sein Chef soll ihn beneiden.

   ____

8. Er möchte die Frauen beeindrucken.

   ____

9. Er möchte sich einen Kindheitstraum erfüllen.

   ____

10. Er möchte nicht immer nur Porsche fahren.

   ____

! Tipp Bei gleichem Subjekt im Haupt- und Nebensatz benützt man *um ... zu* statt *damit*. Das ist stilistisch besser!

O16 ... um braun zu werden!

Ergänzen Sie *um*, *ohne* oder *anstatt* ... *zu*.

Margit legt sich im Garten in die Sonne, ...

1. *um* braun zu werden
2. ____________ am Schreibtisch zu arbeiten.
3. ________ sich einzucremen.

Melanie flüstert im Deutschkurs mit ihrer Nachbarin, ...

4. ____ ihr von der letzten Verabredung mit Silvio zu erzählen.
5. ____________ aufzupassen.
6. ____ nicht vor lauter Langeweile einzuschlafen.

Brigitta lernt den ganzen Tag, ...

7. ________ Pausen zu machen.
8. ____ morgen den Test zu bestehen.
9. ____________ mit ihren Freunden ins Schwimmbad zu gehen.

017 Wie haben die das geschafft?

Ändern Sie die folgenden Sätze in einen Hauptsatz und einen Nebensatz mit *indem*.

1. Moritz hat das Abitur durch fleißiges Lernen geschafft.
   Moritz hat das Abitur geschafft,
   indem er fleißig gelernt hat.

2. Malte ist durch tägliches Training Schwimmweltmeister geworden.
   ____
   ____

3. Julius ist durch ein langes Studium Architekt geworden.
   ____
   ____

4. Raffaela hat durch tägliches Üben einen Musikpreis gewonnen.
   ____
   ____

5. Vincent ist durch das Schreiben eines Bestsellers reich geworden.
   ____
   ____

6. Alexander hat durch geduldiges Experimentieren eine tolle Erfindung gemacht.
   ____
   ____

7. Tatjana hat durch das Sammeln von Unterschriften gegen die Schließung der Firma protestiert.
   ____
   ____

8. Fritz ist durch das Spielen in Werbespots ein berühmter Filmschauspieler geworden.
   ____
   ____

018 Die Milchmädchenrechnung

Ergänzen Sie die Konjunktionen *um ... zu, damit, sodass, so ... dass, ohne ... zu.*

Wenn man von einer ‚Milchmädchenrechnung' spricht, dann meint man eine Rechnung oder Planung, die von einer Illusion ausgeht und nicht ernst zu nehmen ist.
Hier ist die Geschichte von Jean de la Fontaine:

1. Es war einmal ein Bauernmädchen, das einen großen Eimer Milch in die Stadt trug, _um_ ihn dort auf dem Markt _zu_ verkaufen.
2. Sie träumte davon, mit der Milch ____ viel Geld zu verdienen, ________ sie davon ein paar Hühner kaufen könnte.
3. Die Eier von den Hühnern würde sie sammeln, ____ sie einmal pro Woche auf dem Markt ____ verkaufen.
4. Das gesparte Geld würde sich schnell vermehren, ____________ sie davon ein Schwein kaufen könnte.
5. Das Schwein würde sie gut füttern, __________ es dick und fett würde und sie es für viel Geld verkaufen könnte.
6. Sie würde damit ____ viel Geld verdienen, ________ es für den Kauf einer Kuh reichen würde.
7. Und diese Kuh würde täglich Milch geben, ____________ sie bald reich wäre.
8. Das Mädchen ging in Gedanken dahin, ________ auf den Weg ____ achten. Sie stolperte, und die ganze Milch floss aus dem Eimer ...

Tipp *sodass* braucht man, um eine Folge auszudrücken. Wenn man dabei das Adjektiv besonders betonen möchte, benutzt man *so ..., dass*.

019 Befürchtet, erwartet oder erhofft

Verbinden Sie die passenden Satzteile mit *wie* oder *als*.

1. Die Fußballmannschaft spielte besser,
2. Das Ergebnis der Prüfung war so schlecht,
3. Der Bau der Autobahn dauerte länger,
4. Die Folgen des Klimawandels sind schlimmer,
5. Die Karten fürs Konzert sind so schnell verkauft worden,
6. Jakobs neue Freundin ist wirklich so hübsch,
7. Das Restaurant, das du mir empfohlen hast, fand ich nicht so gut,
8. Das Sturmtief dauert länger,
9. Der Zoobesuch hat meinen Kindern mehr Spaß gemacht,
10. Ich kann für das Auto nur so viel bezahlen,

a) _____ der Lehrer befürchtet hatte.
b) _____ die Wissenschaftler berechnet hatten.
c) _____ immer alle gesagt haben!
d) _____ geplant war.
e) _____ die Wettervorhersage es angekündigt hatte.
f) _____ ich dafür gespart habe.
g) _____ ihr Trainer erwartet hatte.
h) _____ sie geglaubt hatten.
i) _____ du gesagt hattest.
j) _____ es die Agentur gehofft hatte.

1.	2.	3.	4.	5.	6.	7.	8.	9.	10.
g									

! Tipp Das Verhältnis in einem Vergleich ist gleich: *so ..., wie*
Das Verhältnis in einem Vergleich ist unterschiedlich: Komparativ + *als*

020 Ich habe noch Hunger!

Ergänzen Sie die Konjunktionen aus dem Kasten.

nachdem • bis • damit • als • ~~obwohl~~ • so … dass • da • als • wenn • während • nachdem • weil

1. Ich habe noch Hunger, *obwohl* ich gerade eine Riesenportion Spaghetti gegessen habe.
2. Franz kocht das Abendessen, ____________ Fritz die Zeitung liest.
3. Ich war das letzte Mal in Paris, _____ ich dort Claire besuchte.
4. Der Vogel blickte um sich, ____________ er auf dem Dach gelandet war.
5. Das Buch war ____ gut, _______ ich nicht mehr aufhören konnte zu lesen.
6. Ich kann heute leider nicht mit euch ins Kino gehen, ________ ich noch arbeiten muss.
7. Der Gärtner hat die Rosen mit Zweigen bedeckt, _________ sie im Winter nicht erfrieren.
8. ____________ Johnny eine Flasche Whiskey getrunken hatte, konnte er nicht mehr klar sprechen.
9. _____ er sich in sie verliebt hat, trug sie einen roten Hut.
10. Ich möchte gern mitfahren, _______ du wieder nach Rom fährst.
11. ____ Charlie Chaplin ein großer Künstler war, wurde sein 100. Geburtstag groß gefeiert.
12. Ich warte, _____ du mit deiner Arbeit fertig bist, und dann gehen wir spazieren.

021 Lehrer Müllers ‚Weisheiten'

Bilden Sie Sätze mit *je ... desto*.

Der Lehrer Müller – Spitzname ‚Sokrates'– denkt, dass er unglaublich klug ist, und stellt über alle möglichen und unmöglichen Dinge Regeln auf:

1. *Je länger die Schüler am Wochenende schlafen, desto schlechter sind sie in der Schule.*

die Schüler / lang schlafen / am Wochenende • schlecht / in der Schule / sein

2. ______

groß / das Interesse / an Latein • man / viel Geld / später / in seinem Beruf / verdienen

3. ______

Kinder / viel Sport / machen • groß / werden

4. ______

man / viel Hausaufgaben / machen • klug / werden

5. ______

ein Junge / kurze Haare / haben • gut denken / können

6. ____

____

____

die Schüler / wenig sprechen • gut lernen

Tipp Statt *je ... desto* kann man auch *je ... umso* benutzen.

022 *Du* oder *Sie*?

Markieren Sie die richtige Konjunktion.

Manchmal ist es schwierig zu entscheiden, *dass/ob* (1) man jemanden mit ‚Sie' oder mit ‚du' anreden soll, *obwohl/weil* (2) es Regeln gibt: *Wenn/Als* (3) eine Dame einem Herrn oder eine ältere Person einer jüngeren das Du anbietet, ist alles geklärt. Aber oft kommt man in ein Gespräch, *ohne/anstatt* (4) die Situation grundsätzlich klären zu können.

Dann vermeiden viele lieber eine direkte Anrede, *anstatt/um* (5) ihren Gesprächspartner nicht zu beleidigen. *Ob/Wenn* (6) man siezt, könnte der Angesprochene denken: „Sehe ich so alt aus?", *sobald/falls* (7) er lieber geduzt würde. Und *ob/wenn* (8) man duzt, könnte er denken: „Habe ich das erlaubt?"

Trotzdem beginnen die meisten Erwachsenen neue Kontakte mit der Anrede ‚Sie', *wenn/damit* (9) es keine Probleme gibt. *Falls/Obwohl* (10) beide später das Du wünschen, können sie es ja besprechen.

Wirklich einfach ist es, *während/bevor* (11) man eine Schule oder Universität besucht. *Da/Obwohl* (12) hier nur Gleichaltrige sind, sagen natürlich alle ‚du' zueinander.

023 Sind Sie abergläubisch?

Ergänzen Sie die richtigen Konjunktionen aus dem Kasten.

um … zu • ~~damit~~ • anstatt … zu • nachdem • falls • während • seitdem • wenn • wenn • um … zu • bevor • seitdem • damit • wenn

Für ihre Schülerzeitung haben Jens und Dörte zum Thema ‚Aberglauben' eine Umfrage organisiert. Hier sind ein paar Antworten der Passanten auf die Frage, ob sie abergläubisch sind:

1. Nein, eigentlich nicht. Aber in meinem Geldbeutel trage ich doch immer einen Glückscent, *damit* mir das Geld nicht ausgeht! ________ es doch stimmt, bin ich auf der sicheren Seite!
2. Oh ja, leider! Ich denke, man könnte leichter leben, ________ man nicht abergläubisch wäre. Aber ich vermeide schwarze Katzen und die Zahl 13, ____ kein Pech ____ haben. Außerdem schenke ich meinen Freunden oft Glücksbringer, ________ sie viel Glück haben.
3. Früher war ich es nicht. Aber ____________ ich einen größeren Lottogewinn hatte, ____________ ich ein vierblättriges Kleeblatt gefunden hatte, bin ich doch ein bisschen abergläubisch geworden.
4. So ein Blödsinn! Leute sind nur abergläubisch, ____ für die Konsequenzen ihres Handelns nicht selbst verantwortlich ____ sein!
5. Eigentlich nicht. Aber ________ meine Kinder eine Schulaufgabe schreiben, wünsche ich ihnen ‚Viel Glück!', ________ sie in die Schule gehen. Und dann schaue ich auf die Uhr, denn ____________ sie schreiben, drücke ich ihnen die Daumen und denke fest an sie …
6. Nicht mehr, ____________ ich einen Spiegel zerbrochen habe. Man sagt ja, ________ ein Spiegel zerbricht, hat man sieben Jahre lang Pech. Da habe ich beschlossen, ____________ jetzt depressiv ____ werden, glaube ich lieber nicht mehr an so was!

P. Nomen

PO Wenn einer eine Reise plant ...

Bestimmter oder unbestimmter Artikel? Markieren Sie.

Vor *einer/der* (1) Reise muss man an viele verschiedene Sachen denken. Fährt man mit *einem/dem* (2) Auto oder mit *einem/dem* (3) Zug? Wer kann in *einer/der* (4) Zeit *eine/die* (5) Katze füttern? Wenn man *ein/das* (6) Sonderangebot gefunden hat, passt es manchmal nicht zu *einer/der* (7) Urlaubszeit und man muss sich mit *einem/dem* (8) Chef und *einen/den* (9) Kollegen einigen. Dann muss man *ein/das* (10) Hotel aussuchen und *ein/das* (11) Zimmer buchen. *Ein/Das* (12) Zimmer sollte ruhig und sauber sein, aber man sieht es nur *in einem / im* (13) Internet oder in *einem/dem* (14) Prospekt – *eine/die* (15) schwierige Entscheidung!

Ergänzen Sie die Pluralform. Vorsicht: Ist ein Umlaut nötig?

Dann das Reisegepäck: Zu viele (16) Koffer_-_ und (17) Tasche__ sind unpraktisch, also sollten ein paar (18) Hose__, (19) Pullover__ und (20) Kleider__ zu Hause bleiben. Wichtiger sind die (21) Dokument__! Früher musste man (22) Landkarte__ und (23) Stadtpl__n__ mitnehmen, heute haben die (24) Reisende__ alle nötigen (25) Information__ meistens in ihren (26) Handy__.

Dativ oder Akkusativ? Ergänzen Sie.

Der Tag der Abreise ist gekommen. Nun muss man (27) d*en* Schlüssel (28) d____ Nachbarn geben, damit der (29) d____ Blumen gießen, (30) d____ Briefkasten ausleeren und im Notfall (31) d____ Tür öffnen kann. Dann sagt man vielleicht noch (32) d____ Eltern oder (33) d____ Geschwistern „Auf Wiedersehen" und beginnt, meistens ein bisschen aufgeregt, (34) d____ Reise. Man hofft, dass es (35) k________ unangenehmen Überraschungen gibt. Allerdings sind das die Abenteuer, die man später gern (36) d____ Freunden erzählt!

Das kann ich schon: Bestimmter und unbestimmter Artikel / Pluralformen / Dativ-Objekt und Akkusativ-Objekt

P1 Ein Neugeborenes

Ändern Sie die präpositionale Ergänzung mit *von* in eine Genitivergänzung.

Nachbarin: Nein, ist DER aber süß! Wie heißt er denn?

Mutter: Balthasar Eberhard. Das sind die Namen von seinen Großvätern.

Das sind die Namen seiner Großväter. (1)

Nachbarin: Ach ...! Sieht er ihnen denn ähnlich?

Mutter: Ich glaube ja, er hat die Nase von seinem Großvater Balthasar.

_______________ (2)

Nachbarin: Aber er hat doch die Nase vom Vater!

_______________ (3)

Vater: Ja, ich habe ja auch die Nase von meinem Vater!

_______________ (4)

Nachbarin: Aber der Mund ist ganz sicher der von seiner Großmutter.

_______________ (5)

Gerade gestern habe ich sie getroffen.

Mutter: Finden Sie?

Nachbarin: Ja, und die Haarfarbe – auch die von der Großmutter!

_______________ (6)

Mutter: Tja, vielleicht ...

Nachbarin: Und das ist der Bruder? Nein, so eine Ähnlichkeit! Das sind doch tatsächlich die Augen von seinem Brüderchen!

_______________ (7)

Mutter: Sieht man auch irgendwie, dass es MEIN Kind ist?

Nachbarin: Ja, das runde Gesicht! Das ist doch wirklich wie das von der Mutter!

_______________ (8)

Tipp

Genitivendungen

Maskulin und Neutrum → Endung ***-(e)s* + *-(e)s*** am Nomen
*(de**s**/eine**s**/meine**s** Mann**es**, de**s**/eine**s**/meine**s** Kind**es**)*
Feminin und Plural → Endung ***-(e)r***
*(de**r**/eine**r**/meine**r** Frau, de**r**/meine**r** Eltern)*

P2 Ende des Monats

Ergänzen Sie in der richtigen Form, wo es nötig ist.

1. Ende *des* (der) Monat*s* bekomme ich mein Gehalt. Einen Teil davon überweise ich auf das Konto __________ (mein) Sohn___, der gerade in Berlin studiert.
2. Der Erfolg ________ (ihr) Buch___ ‚Harry Potter' hat J. K. Rowling weltberühmt gemacht.
3. Die Farbe _____ (das) Kleid___ gefiel ihr, allerdings fand sie die Qualität _____ (der) Stoff___ schlecht.
4. Wer ist das? – Das ist der Besitzer ___________ (unser) Haus___.
5. Die Eltern _____ (die) Kinder _____ (die) Klasse__ 5a kamen zusammen, um über Herrn Müller__ Vorschlag abzustimmen.
6. Ende _________ (dieses) Jahr___ mache ich mit meinem Mann eine Reise nach Südafrika.
7. Erzähl mir doch mal die Handlung _____ (der) Film__, dann weiß ich, ob ich ihn anschauen möchte!
8. Gestern habe ich Moritz___ Freundin kennen gelernt. – Und, wie findest du sie?
9. Birgit__ Schwester kommt heute Abend auch mit ins Kino. – Muss das sein?
10. Der Besitzer _____ (der) Wagen__ mit dem Kenzeichen M-KJ 3456 möchte bitte zum Ausgang kommen! Sie haben die Ausfahrt _____ (die) Garage__ blockiert!
11. Hast du Frau Wagner__ neues Cabrio gesehen? Richtig schick! – Ja, die hat die Erbschaft ________ (ihr) Mann___ schnell ausgegeben.
12. Haben Sie jetzt nach der Pensionierung viel Zeit für sich? – Nein, eigentlich nicht. Den größten Teil _________ (mein) Zeit__ verbringe ich mit der Pflege ___________ (unser) Garten__ und der Organisation _____ (das) Büro__ meines Sohnes.

P3 Frisch verliebt

Ergänzen Sie die Endungen, wenn nötig.

- Stella, ich habe mich verliebt! Ich habe im Urlaub einen so netten Franzose*n* (1) kennen gelernt, einen Biologe__ (2)!

- Stell dir vor, ich auch! Ich habe mich in einen Italiener__ (3) verliebt, einen Kollege__ (4) aus meiner Firma. Er heißt Umberto Tiziano Adriano.

- Ui! So einen langen Name__ (5) habe ich noch nie gehört!

- Ja, aber er wird Uta genannt – man spricht nur immer die ersten Buchstabe__ (6) seiner Vornamen.

- Und was ist mit dem Polizist____ (7), mit dem du letzte Woche verabredet warst?

- Ach, der war langweilig. Der hat den ganzen Abend__ (8) nur davon erzählt, wie er sich mit einem Demonstrant____ (9) gestritten hat. Du weißt schon, die Demonstration letzte Woche am Denkmal des Friede____ (10). Aber was ist jetzt mit deinem Franzose__ (11)?

- Ach du, ich kann keinen klaren Gedanke__ (12) mehr fassen. Ständig muss ich an Jean denken! Hätte ich mich doch in einen Deutsche__ (13) verliebt, der wäre wenigstens in der Nähe__ (14)! Ich muss mal dem Direktor__ (15) unserer Niederlassung in Paris schreiben, vielleicht brauchen die ja eine Praktikantin!

- Aber du hast diesen Chef__ (16) in Paris doch immer als keinen sehr netten Mensch____ (17) beschrieben!

- Ja, das stimmt. Ich würde dann eben in die Höhle des Löwe__ (18) gehen. – Aber muss man nicht dem Ruf seines Herz______ (19) folgen? ...

- Wie romantisch!

Q. Adjektive

Q0 Den gelben oder den blauen?

Ergänzen Sie die Adjektivendungen, wo es nötig ist.

1. ■ Soll ich den gelb*en* oder den blau___ Stoff für mein neues Kleid nehmen?
   ● Das ist egal, beide sind schön_. Aber vielleicht steht dir der gelb_ ein bisschen besser!

2. ■ Heute ist so ein kühl___ Abend. Schade, ich hatte gedacht, es wäre warm_ genug zum Grillen.
   ● Nein, es ist so ein kalt___ Wind. Lass uns das Grillen aufs Wochenende verschieben, da soll es richtig_ heiß_ werden!

3. ■ Ich habe gerade kein spannend___ Buch zum Lesen. Hast du ein paar gute Tipps für mich?
   ● Sicher, ich habe in letzter Zeit viel_ toll_ Bücher gelesen.

4. ■ Ach, ich liebe Verdi-Opern! Sind die nicht einfach_ fantastisch ?
   ● Na, ich weiß nicht ... Die bunt___ Kostüme gefallen mir ja ganz gut_, aber die singen alle so laut_. Und am Schluss ist mindestens einer tot_!
   ■ Du bist ein schrecklich___ Ignorant!

5. ■ Was gibt es heute zum Essen?
   ● Japanisch___ Reis mit gebraten___ Fisch, dazu grün___ Salat und als Nachspeise frisch___ Obst.
   ■ Mh, das klingt ja fantastisch_!

6. ■ Nein, diesen schmutzig___ Pullover kannst du wirklich nicht mehr anziehen!
   ● Wieso? Ich trage ihn erst den zweite_ Tag!
   ■ Aber es macht einen seltsam___ Eindruck, wenn du zu einer schön___ Einladung so lässig_ gekleidet_ kommst!
   ● Na gut, dann mache ich mich eben hübsch_ und elegant_!

Das kann ich schon:
Adjektiv ohne Endung, wenn es alleine steht.
Adjektiv mit Endung vor einem Nomen, dabei ist die Endung abhängig vom Artikelwort.

Q1 Wissenswertes über Extreme

Ergänzen Sie die Adjektive in der richtigen Form im Komparativ und Superlativ.

1. ■ Kennst du einen *höheren* (hoch) Baum als den Mammutbaum „Hyperion"?
   ● Nein, der ist mit 115,5 Metern der ______________ (hoch) Baum der Welt.
2. ■ Kennst du ein ______________ (lang) Kreuzfahrt-Schiff als die „Allure of the Seas"?
   ● Nein, die ist mit 362 Metern das ______________ (lang).
3. ■ Kennst du ein ______________ (schwer) Tier als den Elefanten?
   ● Ja, den Blauwal – aber der Elefant ist mit sieben Tonnen das ______________ (schwer) Landtier.
4. ■ Kennst du eine ______________ (schnell) Raubkatze als den Geparden?
   ● Nein, der ist mit 110 km/h überhaupt das ______________ (schnell) Landtier der Erde.
5. ■ Gibt es ein Landtier, das ______________ (weit) wandert als das Karibu?
   ● Nein, mit 6 000 km legt das Karibu den ______________ (weit) Weg zurück.
6. ■ Gibt es ein Tier, das ______________ (alt) wird als die Schildkröte?
   ● Nein, mit im Durchschnitt 150 Jahren ist die Galapagos-Riesenschildkröte das Tier mit der ______________ (hoch) Lebenserwartung.

Tipp

Das Adjektiv steht im Komparativ und Superlativ vor einem Nomen:
Komparativ: Komparativform + Adjektivendung
(*hoch: höher → der höhere Baum*)
Superlativ: Adjektivendung folgt dem ***-st***
(*hoch: am höchsten → der höchste Baum*)

Q2 Wusstest du schon …?

Komparativ oder Superlativ? Ergänzen Sie die Adjektive in der richtigen Form.

Wusstest du schon, …

1. dass es für die *meisten* (viel) Kinder keine ____________________ (langweilig) Beschäftigung als einen Spaziergang gibt?
2. dass es für viele Menschen die ______________ (schwer) Entscheidung ihres Lebens ist, zu kündigen und die viel ________________ (unsicher) Situation eines Selbstständigen zu wählen?
3. dass die Autos von heute einen deutlich ______________ (geringer) Benzinverbrauch als die __________ (alt) haben?
4. dass __________ (teuer) Produkte nicht immer eine __________ (gut) Qualität als andere haben und man oft nur ______ (viel) für die Markennamen bezahlt?
5. dass viele Frauen auch heute noch ein ________________ (niedrig) Einkommen als Männer in denselben Berufen und Positionen haben?
6. dass die ______________ (häufig) Nachnamen in Deutschland ‚Müller' und ‚Schmid' sind?
7. dass nur 1% der Weltbevölkerung ein __________ (hoch) Einkommen als 45 000 Euro im Jahr hat?
8. dass man mit ____________ (groß) Wahrscheinlichkeit von einer Kokosnuss erschlagen als von einem Hai angegriffen wird?

Q3 Selbst erlebte Geschichten

Formen Sie den Relativsatz zu einem Partizip Präsens oder Perfekt um und ergänzen Sie die Partizipien in der richtigen Form.

1. Mein Großvater kann stundenlang von Abenteuern erzählen, die er selbst erlebt hat.

   Mein Großvater *kann stundenlang von seinen selbst erlebten Abenteuern erzählen*

2. Helga trägt nur Kleider, die sie selbst genäht hat.

   Helga trägt ______

3. Ich esse am liebsten warmen Apfelkuchen, der noch dampft.

   Ich esse am liebsten warmen, ______

4. Der alte Herr verkauft seine Briefmarken, die er über lange Jahre gesammelt hat. Der alte Herr verkauft seine ______

5. Der Vater trägt seinen Sohn, der schläft, ins Bett.

   Der Vater trägt seinen ______

6. Die Bankräuber waren mit einem Auto, das sie gestohlen hatten, auf der Flucht. Die Bankräuber waren ______

7. Morgen machen wir eine Tour mit unseren Fahrrädern, die wir gerade neu gekauft haben.

   Morgen machen wir eine Tour ______

8. Der Fahrer des Lkw hat nach dem Unfall, den er verursacht hat, Fahrerflucht begangen.

   Der Fahrer des Lkw hat ______

Q4 Ein Reisender

Bilden Sie Nomen und ergänzen Sie in der richtigen Form.

1. Ein Mann, der reist, ist ein Reisender.
2. Eine Frau mit deutscher Nationalität ist eine ______________.
3. Leute, die in einer Firma angestellt sind, sind die ____________________ dieser Firma.
4. Ein Mann, den niemand kennt, ist ein ____________________.
5. Wenn man in einer Stadt fremd ist, ist man ein ____________.
6. Wenn einer zu viel getrunken hat, ist er ein ____________________.
7. Leute, die bei einem Unfall verletzt wurden, sind _______________.
8. Ein Mann, der gefangen genommen wurde, ist ein __________________.
9. Leute in jugendlichem Alter sind ___________________.
10. Wenn ich Leute nur kenne, aber nicht mit ihnen befreundet bin, sind das meine ________________.
11. Einer, der seine Arbeit verloren hat, ist ein _____________________.
12. Zwei Menschen, die sich verliebt haben, sind _______________.
13. Ein Mädchen mit blonden Haaren ist eine ___________.
14. Personen, die mit mir verwandt sind, sind meine __________________.
15. Ein Mensch, der gestorben/verstorben ist, ist ein _____________________.

Q5 Die vier Jahreszeiten

Attributives Adjektiv, Komparativ, Superlativ, Partizip oder nominalisiertes Partizip? Ergänzen Sie in der richtigen Form.

Der Frühling ist eine (1) *wunderbare* (wunderbar) Jahreszeit. Überall (2) ______________ (blühen, Part. Präs.) Frühlingsblumen, (3) ______________ (duften, Part. Präs.) Bäume und (4) ______________ (frisch) Grün an den Bäumen – kaum eine Jahreszeit gibt einem (5) ________ (viel, Komp.) Lebensfreude als der Frühling. Nicht umsonst beschließen (6) ______________ (verlieben) oft, im Mai zu heiraten. Das (7) ________ (gut, Superl.) aber ist, dass noch ein (8) __________ (lang) Sommer vor einem liegt! Der Sommer bringt (9) ________ (heiß) Tage, die zum Schwimmen in (10) __________ (kühl) Seen einladen. Auch die Nächte sind (11) __________ (warm, Komparativ) und viele (12) ______________ (deutsch) verbringen ihre Abende gern in (13) ____________________(gemütlich) Biergärten oder Straßencafés. (14) ______________(sicher) Wetter gibt es allerdings nicht, und so machen viele das, was sie (15) ___________________ (gern, Superl.) machen: In den Urlaub fahren. Deutschland ist ein Land von (16) _______________ (reisen, Part. Präs.)! Der Herbst mit seinen bunt (17) ______________ (färben, Part. Perf.) Blättern kann noch (18) __________ (mild) oder auch (19) ___________________ (stürmisch) Wetter bringen. Beim Wandern kann man sehen, dass die Natur ein letztes Mal ihr (20) _______________ (schön, Superl.) Kleid trägt, bevor der Winter kommt. Der Winter lässt die Menschen ihr (21) ___________________ (gemütlich) Zuhause genießen, wenn es draußen schneit, ein (22) ____________________ (bitterkalt) Wind weht und die (23) ___________________ (niedrig, Superl.) Temperaturen im (24) __________ (ganz) Jahr herrschen. Glücklich ist, wer eine (25) _______ (gut) Tasse Tee und vielleicht sogar einen (26) ________________ (wärmen, Part. Präs.) Kamin hat! Aber es gibt sie auch, die (27) ______________ (sonnig) Tage, an denen man auf (28) __________ (lang) Spaziergängen die (29) ______________ (verschneien, Part. Perf.) Landschaft genießen kann.

R. Präpositionen

RO Energie am Morgen

Ergänzen Sie die fehlenden Präpositionen und Artikel.

1. Wenn *am* Morgen der Wecker klingelt, springt Doris sofort _____ _____ Bett.
2. Sie geht _____ Badezimmer, stellt sich _________ _____ kalte Dusche und singt so laut, dass sich ihr Mann die Bettdecke _______ _____ Kopf zieht.
3. ____ _____ Küche stellt sie die Kaffeetassen _____ _____ Tisch und nimmt die Milch _____ _____ Kühlschrank.
4. Dann joggt sie _____ Bäcker und kommt _____ frischen Brötchen zurück.
5. _____ _____ Frühstück sieht sie ___ Fernsehen die Nachrichten und stellt sich dabei _____ den Kopf, weil das gut _____ den Kreislauf sein soll.
6. Nun stellt sie die Espressokanne _____ _____ Herd und klopft laut ____ ____ Schlafzimmertür, um ihren Mann zu wecken.
7. Sie nimmt den fertigen Espresso _____ Herd und trinkt gleich zwei Tassen _______ Zucker.
8. _______ ein paar Minuten kommt ihr Mann und setzt sich ____ ____ Frühstückstisch.
9. Sofort erzählt sie ihm alles, was ihr _________ _____ Kopf geht, doch er versteckt sich lieber __________ seiner Zeitung.

Das kann ich schon:
Adjektiv ohne Endung, wenn es alleine steht.
Adjektiv mit Endung vor einem Nomen, dabei ist die Endung abhängig vom Artikelwort.

R1 Trotz des starken Regens

Formen Sie die Nebensätze in präpositionale Ergänzungen mit *wegen* oder *trotz* um.

1. Das Fußballspiel findet statt, obwohl starker Regen fällt.

   Das Fußballspiel findet *trotz des starken Regens* statt.

2. Frau Huber geht ins Büro, obwohl sie eine schwere Erkältung hat.

   Frau Huber geht ______________________________

   ins Büro.

3. Rüdiger hat das Flugzeug verpasst, weil sein Zug Verspätung hatte.

   Rüdiger hat ______________________________

   das Flugzeug verpasst.

4. Das Konzert musste abgesagt werden, weil die Nachfrage zu gering war.

   Das Konzert musste ______________________________

   abgesagt werden.

5. Der Torwart kann nicht an der Weltmeisterschaft teilnehmen, weil er eine Verletzung am Knie hat.

   Der Torwart kann ______________________________

   nicht an der Weltmeisterschaft teilnehmen.

6. Die Fahrradtour wurde nicht abgesagt, obwohl ein heftiges Gewitter niederging.

   Die Fahrradtour wurde ______________________________

   nicht abgesagt.

7. Linda las den spannenden Roman fertig, obwohl sie Kopfschmerzen hatte.

   Linda las den spannenden Roman ______________________________

   fertig.

8. Marilyn Monroe war kein glücklicher Mensch, obwohl sie viel Geld und großen Erfolg hatte.

   Marilyn Monroe war ______________________________

   ______________________________ kein glücklicher Mensch.

R2 Außerhalb unserer Geschäftszeiten

Markieren Sie die richtige Präposition und ergänzen Sie die fehlenden Endungen.

1. Leider rufen Sie *während/außerhalb* unser*er* Geschäftszeiten an. Diese sind Montag bis Freitag von 8 Uhr bis 12 Uhr. Auf Wiederhören.
2. *Innerhalb/Während* d___ Gottesdienst___ ist das Fotografieren verboten.
3. Das Projekt sollte *innerhalb/während* ein___ Jahr___ abgeschlossen sein.
4. *Außerhalb/Innerhalb* d___ Unterrichtszeit dürfen die Schüler ihre Handys anmachen.
5. *Innerhalb/Während* ein___ Konzert_ sollte man nicht essen, was man *während/außerhalb* ein___ Kinovorstellung ruhig tun darf.
6. Kredite müssen *außerhalb/innerhalb* ein___ bestimmten Frist zurückgezahlt werden.
7. *Während/Außerhalb* d___ Öffnungszeiten d___ Theaterkasse kann man keine Karten reservieren.
8. Bei manchen Lehrern dürfen die Schüler *innerhalb/während* d___ Unterricht_ keinen Kaugummi kauen.

9. Ein Landarzt muss auch *außerhalb/während* sein___ Sprechzeiten für seine Patienten erreichbar sein, besonders auch *innerhalb/während* d___ Wochenend___.

R3 Der Weg zum Picknickplatz

Ergänzen Sie die Präpositionen aus dem Kasten.

hinter • innerhalb • entlang • auf • in • über • gegenüber • an • außerhalb • vor • nach • ~~entlang~~ • zu

Für Sonntagnachmittag hat Elfriede ein großes Picknick mit Freunden organisiert, doch eine Freundin kann nicht mit allen zusammen fahren. Sie kommt etwas später nach, kennt aber den Weg zu der Wiese nicht, auf der das Picknick stattfinden soll. Elfriede beschreibt den Weg.

1. Du fährst mit deinem Fahrrad etwa zwei Kilometer den Fluss *entlang*.
2. Dann, dem Gasthaus ‚Brückenfischer' ________________, führt ein kleiner Feldweg ____ den Wald hinein.
3. Dem folgst du eine ganze Weile. Noch ________________ des Waldes, kurz ____ dem Ende, kommst du ____ einer Kreuzung und fährst _______ links.
4. Diesen Weg ____________ fließt ein kleiner Bach.
5. Nach 200 Metern kommst du ____ ein Tor, das in eine große Schafweide hineinführt. Du darfst mit dem Fahrrad _______ diese Schafweide fahren.
6. Sobald du dich wieder ________________ dieser Schafweide befindest, siehst du einen großen, alten Baum _____ einer Wiese.
7. Und wenn du richtig gefahren bist, findest du uns __________ diesem Baum!

! Tipp *entlang* steht immer nach dem Nomen.
gegenüber kann vor- oder nachgestellt werden, bei einem Pronomen wird es immer nachgestellt.

R4 Ein Ferienhaus in der Toskana

Welche Präposition aus dem Kasten passt? Ergänzen Sie auch die fehlenden Artikel und Endungen.

innerhalb von • wegen • ab • ~~inmitten~~ • bis zum • entlang • während • um • außerhalb • trotz • gegenüber • an/zu • für • von

Ferienhaus in der Toskana zu vermieten!

Ein malerisches Ferienhaus erwartet sie, *inmitten* d*er* (1) traumhaften Landschaft der Toskana gelegen. Es liegt etwas ________________ ein___ (2) alten italienischen Kleinstadt, doch alle wichtigen Geschäfte sind schnell zu erreichen. _____ d____ (3) Stadt herum finden sie duftende Pinienwälder. ________________ d___ (4) Haus befindet sich ein schmaler Bach. Wenn sie dies___ Bach ____________ (5) wandern, gelangen Sie ____ ein____ / ____ ein____ (6) einsamen Strand. ______ Ihr____ (7) Haus ____________ (8) Meer brauchen Sie etwa eine halbe Stunde zu Fuß.

Auch alle interessanten Kulturschätze der Toskana erreichen Sie ____________________ (9) zwei Autostunden.

Für näher gelegene Ziele können Sie ____________ ihr___ Urlaub__ (10) gerne die hauseigenen Fahrräder benutzen.

________ d___ (11) gemäßigten Mietpreises bietet das Haus allen Komfort. Sogar einen Kamin finden Sie im Wohnraum, was _________ manch___ noch kühl___ (12) Abende im Frühjahr sehr angenehm sein kann.

Das Haus kann ____ d____ (13) letzten Aprilwoche jeweils mindestens _____ (14) zwei Wochen gemietet werden.

Wir freuen uns auf Sie!

Tipp *innerhalb* und *außerhalb* werden manchmal mit *von* kombiniert und stehen dann mit dem Dativ. Dies gilt besonders für die gesprochene Sprache.
(*innerhalb des Gartens → innerhalb von dem Garten*).

S. Pronomen

SO Ein Fortbildungstag

Ergänzen Sie die passenden Reflexiv-, Personal- oder Possessivpronomen bzw. Possessivartikel.

er • ~~Ihnen~~ • mir • unser • meine • ihm • uns • seine • ihren • mich • unseren • mir • mich • wir • ihr • meine

Zwei Kollegen unterhalten sich über ihren letzten Fortbildungstag.

■ Und, wie hat *Ihnen* (1) der Fortbildungstag gefallen?

● Gut eigentlich! Ich kann ______ (2) vorstellen, dass ______ (3) dieser Tag viel gebracht hat. Schade, dass __________ (4) Chef nicht dabei war. Besonders der Vortrag des Motivationstrainers hätte ______ (5) gut gefallen!

■ Das denke ich auch! Wo war ____ (6) eigentlich? Er hat nur __________ (7) Assistentin geschickt.

● Er ist doch die ganze Woche auf Geschäftsreise bei ______________ (8) neuen Partnern in Frankreich.

■ Richtig, das hatte die Assistentin ja gesagt. __________ (9) Beitrag zur Erneuerung des Betriebssystems fand ich ein bisschen langweilig …

● Aber enorm wichtig! Ich interessiere ________ (10) auch nicht so für die technischen Einzelheiten, aber __________ (11) Abteilung wartet schon lange auf das neue System.

■ Na gut, ändern können ______ (12) es sowieso nicht. Ich muss jetzt nach Hause, __________ (13) Frau wartet schon auf ________ (14)!

● Sagen Sie _____ (15) bitte viele Grüße von ______ (16)!

■ Danke, gern!

Das kann ich schon: Reflexivpronomen, Personalpronomen, Possessivpronomen und Possessivartikel

S1 Einkaufs-Tortur

Ergänzen Sie die Antwort des Mannes mit dem richtigen indefiniten Pronomen.

Das sieht man oft: Eine Frau ist mit ihrem Mann beim Einkaufen. Die Frau ist interessiert bei der Sache, sieht sich alles kritisch an und wählt. Der Mann ist eher gelangweilt und ein bisschen genervt ...

1. ● Welche Schuhe soll ich nehmen, die weißen oder die schwarzen?
   ■ Ich weiß auch nicht. Nimm doch irgend*welche*!
2. ● Welchen Pullover soll ich nehmen, den aus Baumwolle oder den aus Wolle?
   ■ Ich weiß auch nicht. Nimm doch irgend_________!
3. ● Welches T-Shirt soll ich nehmen, das mit den Blumen oder das mit den Herzchen?
   ■ Ich weiß auch nicht. Nimm doch irgend_______!
4. ● Welche Hose steht mir besser, die Jeans oder die Cordhose?
   ■ Sind beide gut. Nimm einfach irgend_______!
5. ● Welchen Anzug nehmen wir für dich, den gestreiften oder den karierten?
   ■ Ach, ich brauche doch eigentlich gar k_________!
6. ● Und welche Krawatte passt besser dazu?
   ■ Ist doch egal, nimm einfach irgend_______.
7. ● Was für Socken brauchst du, dunkelblaue oder dunkelbraune?
   ■ Keine Ahnung. __________ soll ich denn nehmen?
8. ● Und mit was für Schuhen möchtest du zur Konferenz gehen?
   ■ Ich weiß auch nicht. Ich gehe einfach mit irgend____________!
9. ● Sollen wir einen neuen Mantel für dich kaufen oder passt dir der alte noch?
   ■ Es sind doch noch zwei im Keller. _________ wird mir schon noch passen!
10. ● Oh, schau mal, so ein schönes Tuch! Welches gefällt dir am besten?
    ■ Alle! Nimm einfach irgend_______ und dann gehen wir endlich nach Hause ...

S2 Es regnet!

Setzen Sie, wo nötig, *es* ein.

1. Heute regnet *es* schon den ganzen Tag.
2. Mir ist _____ kalt, bitte schließe das Fenster!
3. Spürst du die kalte Luft? ____ wird Winter.
4. Maxi, geh ins Bett, ____ ist schon spät!
5. Ich weiß _____ nicht, wer das ist.
6. Hierbei handelt ____ sich um ein Versehen.
7. ____ kamen über 2 000 Leute zu der Demonstration.
8. ____ werden jedes Jahr neue Hotels gebaut.
9. In der Altstadt wird _____ ein neues Museum eröffnet.
10. Schnell, ich habe ____ eilig!
11. Romeo, ____ wird schon hell!
12. Ich hoffe, dir geht ____ gut!
13. ____ ist mir egal, ob dir das gefällt oder nicht, ich fahre alleine in den Urlaub!
14. ____ kann doch nicht wahr sein, dass unser neues Auto schon wieder kaputt ist!
15. Morgen sind ____ schon sieben Jahre, dass wir verheiratet sind.

S3 Ist es wirklich verboten?

Bilden Sie Sätze und verwenden Sie *es*, wo es notwendig ist.
Setzen Sie auch die Verben in die richtige Form.

1. verboten • im Museum • sein • , • zu fotografieren • .

   Es ist verboten, im Museum zu fotografieren.

2. gehört haben • du • , • an der Tür • geklingelt haben • ob • ?

   ____

   ____

3. schön • in Deutschland • ? • du • finden

4. das Schulhaus • in den Ferien • . • renoviert werden

5. möglich • ? • sein • , • in München • zu finden • ein billiges Hotel

6. schmecken • ? • dir • wirklich

7. zur Konferenz • 250 Teilnehmer • erwartet werden • .

8. man • im Mai • fühlen • können • , • bald • werden • . • Sommer • dass

9. in den Bergen • . • geschneit haben • die ganze letzte Woche

10. mir • , • gefallen • sich interessieren • für Musik • so sehr • . • du • dass

Lösungen

Teil 1: Wortschatz

A. Kontakte, Informationen zur Person

A1 (2) aktiv (3) Familienname (4) Vorname (5) Geburtsdatum (6) Nationalität (7) Straße (8) Hausnummer (9) Postleitzahl (10) Wohnort (11) Vorwahl (12) Telefon (13) Mobiltelefon (14) E-Mail (15) Beiträge (16) Konto (17) Ermäßigung (18) Unterschrift

A2 (2) sich vorzustellen (3) nennen (4) bin von Beruf (5) Im Augenblick (6) halbtags (7) angestellt (8) arbeitslos (9) Arbeitsplatz (10) berufstätig (11) Kindergarten (12) Stelle (13) Bereich (14) beschäftigt

A3 1. vorstellen, Angenehm 2. Studium, kennenzulernen 3. bekannt machen

A4 1. selbstverständlich, melde mich, Messe 2. Visitenkarte, gebe

A5 (2) privaten (3) Dame (4) Person (5) älteren (6) Situation (7) Beruf (8) beachtet (9) erfährt (10) gelten (11) Bereich (12) Kunden (13) Mitarbeitern

A6 2. Faxnummer 3. Partner 4. Geburtsort 5. allein 6. Freundin

A7 1. Familie 2. Jugendliche 3. Jugend, Handys 4. Erwachsene 5. Verwandte, Tanten, Cousinen, Schwiegereltern 6. Geschwister 7. Familienangehörigen

A8 2. Europa, europäische 3. Asien, asiatische 4. Afrika, afrikanische 5. Australien, australische

A9 2. Asiatin 3. Afrikaner 4. Europäer 5. Australierin

A10 2. Papiere 3. Personalien 4. Senioren, Dokument 5. verlängern 6. gültig, ausstellen 7. Heiratsurkunde 8. Bewerbung 9. ausfüllen, erhalten, senden 10. Staatsbürger 11. europäischen, Staaten, kontrolliert

A11 2. Bulgarien 3. Dänemark 4. Deutschland 5. Estland 6. Finnland 7. Frankreich 8. Griechenland 9. Großbritannien 10. Irland 11. Italien 12. Kroatien 13. Lettland 14. Litauen 15. Luxemburg 16. Malta 17. Niederlande 18. Österreich 19. Polen 20. Portugal 21. Rumänien 22. Schweden 23. Slowakei 24. Slowenien 25. Spanien 26. Tschechien 27. Ungarn 28. Zypern

B. Familie, Freunde und Beziehungen

B1 2. die Ehefrau 3. der Großvater 4. die Cousine 5. die Mutter 6. der Sohn 7. der Cousin 8. die Schwester 9. die Tochter 10. die Großmutter 11. der Bruder 12. der Onkel 13. die Tante 14. die Nichte 15. der Neffe

B2 2. Auftrag, Beziehungen 3. pflegt, Kontakte 4. Zufall, kennengelernt, gemeinsam 5. zufällig 6. persönlich 7. zusammen 8. vertrauen, Bekannte, eng 9. gewöhnen, duzen 10. sagt, Du 11. siezt 12. Team 13. einander 14. bekannt

B3 2. Liebesbeziehung 3. verliebt, mit zusammen ist 4. leben zusammen 5. unterstützt 6. Partner, Freundin 7. streichelte, zärtlichen Kuss

B4 2. Ehe 3. Ehepaar, verheiratet 4. Gatten, gemeinsamen 5. Gattin 6. Hochzeit

B5 1. schwul 2. homosexuelle, lesbische 3. Sex 4. mit schlafen, eine Beziehung hat

B6 2. streitet sich 3. lügst 4. sich getrennt 5. beleidigt 6. diskutieren

B7 2. Einladung, ausgezeichnet 3. Veranstaltung, Besuch 4. Schulfest, Besteck 5. Geburtstagsfeier, absagen 6. annehmen, zugesagt 7. spendieren, lehnte ab 8. mich verabschieden, mich bedanken 9. sind zu Besuch 10. Verabredung, Treffen 11. gab einen aus 12. nahm an teil 13. mitbringen 14. Stimmung, uns über unterhalten, geführt

B8 2. c) 3. g) 4. f) 5. b) 6. e) 7. a)

C. Charakter, Eigenschaften und Einstellungen

C1 1. streng 2. wütend, blöde 3. nett 4. zufrieden, zuverlässig, lieb 5. glücklich 6. Geduld, gerecht, gut gelaunt 7. stolz 8. komisch 9. neugierig 10. unsympathisch, Witze 11. unzufrieden 12. nervös 13. Typ 14. ernster 15. Art

C2 2. sympathisch 3. ernst 4. glücklich 5. passiv 6. schlecht gelaunt 7. lustig 8. faul 9. dumm

C3 blonde, Figur, sportlich, starker, treuen, ehrlichen, Konzert, Kunst, Literatur Attraktiver, Humor, Temperament, schlank, hübsche, um gemeinsam, genießen, ernst

C4 (2) mutig (3) fleißig (4) feige (5) Zweifel (6) treu (8) ehrlich

C5 2. ein Gesicht 3. groß 4. blass 5. dünn 6. doof 7. schick

C6 2. danken 3. Brief 4. eine Diskussion 5. einen Brieffreund 6. eine Antwort 7. eine Post

C7 1. mit Absicht 2. ärgere mich 3. sich wohlfühlte 4. Laune 5. hasse 6. Freude 7. beschlossen 8. freut sich auf 9. sich über gefreut 10. bin enttäuscht, Hoffnungen 11. Mit, ist zufrieden 12. aufgeregt 13. fürchtet sich 14. regte sich auf 15. sich entschlossen, freiwillig

D. Körper und Gesundheit

D1 2. die Nase 3. der Mund 4. der Hals 5. der Arm 6. der Bauch 7. das Bein 8. das Knie 9. der Fuß 10. die Haare (Pl) 11. das Auge 12. das Ohr 13. die Zähne (Pl) 14. die Schulter 15. der Rücken 16. die Brust 17. die Hand 18. der Zeh / die Zehe

D2 2. eincremen 3. sehen 4. atmen 5. schminken 6. föhnen 7. niesen 8. sprechen 9. hören

D3 1. die Lunge 2. das Herz 3. die Leber 4. der Magen 5. der Darm

D4 2. Der Darm 3. Die Lunge 4. Die Leber 5. Der Magen

D5 (2) müde (3) wach (4) ausgeruht (5) einschlafen (6) aufgeregt (7) Schlaf (8) Ruhe (9) Klo (10) muss mal (11) geträumt (12) aufgewacht (13) Traum 14) fühle wohl (15) Stress (16) durstig (17) Termin (18) schwitze (19) Fieber (20) Zustand (21) krankzumelden

D6 2. taub, gehörlos 3. stumm 4. blind 5. körperbehindert

D7 2. Herr Wagner kauft einen Rasierapparat, eine neue Zahnbürste und Zahnpasta. 3. Lisa braucht einen Lippenstift, eine Nagelbürste und eine Nagelschere. 4. Paula muss in der Drogerie Binden, Tampons und eine Sonnencreme kaufen. 5. David will sich einen neuen Föhn und Kontaktlinsen besorgen.

D8 (2) erwartete Kind (3) Schwangerschaft (4) Müdigkeit (5) krankschreiben (6) kräftig (7) Hebamme (8) brachte zur Welt (9) Geburt (10) Kraft (11) erholte

D9 (2) Erkältung (3) Husten (4) Schmerzen (5) huste (6) Infektion (7) Antibiotikum (8) Tablette (9) Rezept (10) schmieren ein (11) untersuchen (12) Sprechstunde (13) Überweisung (14) Vertretung (15) Praxis (16) Termin (17) Quartal (18) Versicherungskarte (19) Wartezimmer

D10 1. gebrochen 2. Besuch, Abteilung 3. Operation, Spritze 4. Spezialist, Bericht 5. Aufgaben, pflegen 6. Krankenkasse 7. Pflaster, Salben 8. Spray 9. Wunde, blutete, Tropfen 10. Ansteckungen, schützen 11. runtergestürzt, verbrannt.

D11 (2) irgendwann (3) tötet (4) Team (5) Autors (6) herausgefunden (7) täglich (8) Bier (9) betrunken (10) Vermutlich (11) geschüttelt (12) kontrollieren (13) empfehlen (14) reduzieren (15) ernst (16) positiv

D12 1. Feuerzeuge 2. Tabak 3. Machen aus 4. Pfeife, Filter 5. leichte, Gesundheit 6. Zigaretten, Automaten

E. Wohnen und Hausarbeit

E1 (2) Studentenwohnheim (3) ausziehen (4) Appartement (5) leisten (6) Semester (7) Wohngemeinschaft. (8) Einfamilienhaus (9) Erdgeschoss (10) vergrößert (11) Stock (12) entstanden (13) vermieteten (14) allerdings (15) Mieter (16) Altersheim (17) umziehen (18) Eigentumswohnung (19) Hochhaus (20) Lage (21) in der Nähe (22) Hof (23) Spielplatz (24) Kellerabteil (25) Tiefgarage

E2 2. In den Nebenkosten sind Heizung, Wasser und Hausmeisterkosten enthalten. 3. Den Mietvertrag müssen Mieter und Vermieter unterschreiben. 4. In unserem Wohnblock wohnen viele Familien mit Kindern. 5. Sie hat ein Zimmer zur Untermiete bei einer alten Dame.

E3 2. mieten 3. umziehen/übersiedeln 4. einziehen 5. liegt

E4 (2) Wohnung (3) genau (4) Ecke (5) ruhig (6) Nebenstraßen (7) Lift (8) Toilette (9) Kaution (10) üblichen (11) Nebenkosten (12) liegen (13) besichtigen (14) zeigen.

E5 2. inklusive. 3. unbequem. 4. gemütlich. 5. abschließen. 6. dreckig. 7. wunderschön. 8. praktisch. 9. dunkel. 10. funktioniert. 11. modern 12. inbegriffen.

E6 (2) Baugenehmigung (3) Baufirma (4) Pläne (5) Architekten (6) Wohnfläche (7) Erdgeschoss (8) Eingang (9) Gästetoilette (10) Flur (11) Küche (12) Esstisch (13) Wohnbereich (14) Offene (15) zwar (16) riecht (17) aufräumen.

E7 (2) Schlafzimmer (3) Kinderzimmer (4) Badezimmer (5) Badewanne (6) Fenstern (7) entschieden (8) Dachgeschoss (9) Gästezimmer (10) Dusche (11) Keller (12) Räumen (13) erkennt (14) einrichten (15) Handwerkern (16) Elektriker (17) geplant

E8 2. der Schreibtischstuhl 3. das Sofa 4. das Kissen 5. der Teppich 6. die Vase 7. das Bett 8. der Schrank 9. der Sessel 10. die Lampe 11. das Fenster 12. der Vorhang 13. das Regal 14. die Garderobe 15. der Spiegel 16. der Hocker 17. das Bild 18. die Bank 19. der Tisch 20. der Stuhl

E9 2. die Kaffeemaschine 3. das Geschirr 4. die Uhr 5. der Elektroherd 6. der Backofen 7. der Kühlschrank 8. die Spülmaschine 9. die Spüle 10. der Wasserhahn

E10 2. der Spiegel 3. die Zahnbürste 4. die Badewanne 5. die Badeente 6. das Waschbecken 7. das Handtuch 8. das Toilettenpapier 9. die Toilette / das Klo

E11 1. Trinkwasser 2. Öl, Gas 3. Ofen, Holz 4. Zentralheizung, Kohle 5. Strom 6. Stecker, Steckdosen 7. Stromleitungen 8. Kabel 9. Elektrogeräte, elektrische 10. brennt, Glühbirne

E12 2. heizen 3. drücken 4. einstecken

E13 2. Boden wischen 3. backen 4. braten 5. spülen 6. abtrocknen 7. aufräumen 8. Wäsche aufhängen 9. Betten machen 10. Fenster putzen 11. bügeln 12. fegen

E14 (2) trennen (3) Mülltonnen (4) Papier (5) Kompost (6) Abfall (7) Kunststoff (8) Glas (9) Metall

E15 (2) Mülleimer (3) entsorge (4) Mülltonne (5) ordentlich (6) Witze (7) Essensreste (8) Gartenabfälle (9) werfe weg

F. Natur, Wetter und Jahreszeiten

F1 (2) Ort (3) Stadtrand (4) umgezogen (5) Zentrum (6) Fabrik (7) dort (8) Industrie (9) auf dem Land (10) in der Nähe von (11) Bach (12) Umgebung (13) Bauernhöfe (14) Wiesen (15) fühlen uns wohl

F2 (2) Im Süden (3) Im Westen (4) Im Norden

F3 (2) Landschaft (3) Berge (4) Kohle (5) Luft (6) Smog (7) Fluss (8) Ufer (9) blonden (10) kämmte (11) sanken (12) Stelle

F4 (2) Meer (3) Insel (4) Küste (5) Nordsee (6) wandern (7) Strand (8) Praktikum (9) Organisation (10) Nationalpark (11) schützt

F5 2. der Zweig 3. der Ast 4. das Nest 5. das Gras 6. die Wurzel

F6 2. wachsen, abschneiden 3. pflücken 4. pflücken 5. blühen

F7 2. Flossen 3. beißen 4. Bienen 5. schwimmen 6. angeln 7. Insekten 8. Hühner 9. Krokodile 10. Hunde

F8 2. das Küken 3. die Maus 4. das Lamm 5. die Kuh 6. das Fohlen 7. das Kalb 8. die Henne 9. das Ferkel 10. der Stier 11. das Pferd 12. der Stall 13. das Schwein 14. der Maulwurf 15. das Schaf

F9 2. der Elefant 3. der Bär 4. der Pinguin 5. das Krokodil 6. der Löwe 7. die Schlange 8. die Schildkröte 9. der Affe

F10 1. b) 2. b) 3. b) 4. b)

F11 2. bewölkt 3. Regenschauer 4. Regen 5. Gewitter 6. Schneeregen 7. Schnee 8. Nebel

F12 (2) frisch (3) kühl (4) sonnig (5) Rasen (6) blühen (7) besonders (8) macht aus (9) riecht (10) Sommer (11) Gras (12) ist gewachsen (13) Bauern (14) Wiesen (15) Schwimmbad (16) Sonne (17) Hitze (18) Grad (19) Schatten (20) kommt vor (21) Gewitter (22) Nebel (23) Temperaturen (24) angenehm (25) Allerdings (26) regnen (27) blasen (28) früh (29) sinken (30) gefrieren (31) Spaziergänge (32) Blätter (33) Pilze (34) Tage (35) Nächte (36) nass (37) schneit (38) Schnee (39) Stadion (40) See (41) friere (42) Kamin (43) Glatteis (44) gefährlich (45) glatt (46) Stau

F13 1. vorhergesagt, Wolke 2. Wettervorhersage, Tief, Sonnenschein, bleibt 3. Donner, Blitz 4. Frost 5. geschneit, glatt, Glatteis, Salz

F14 2. bewölkt 3. gefriert 4. Hitze 5. frieren

G. Reisen und Verkehr

G1 (2) kommt dahin (3) Auto (4) Fähre (5) verbringen (6) Sehenswürdigkeiten (7) Wanderungen (8) flexibler (9) Ferienwohnung (10) Internet (11) Appartement (12) entfernt (13) Ferien (14) Flieger (15) Swimmingpool (16) gebucht (17) entspannend (18) mich kümmern

G2 1. das Moped, das Motorrad, der Reisebus, der Bus, das Taxi, das Auto, das Fahrrad 2. die Straßenbahn, die U-Bahn, die S-Bahn, der Zug 3. das Boot, das Schiff, die Fähre 4. der Hubschrauber, das Flugzeug

G3 1. Schnellzug 2. Taxistand 3. Haltestelle 4. Endstation 5. Station 6. Verspätung, Durchsage

G4 1. ich suche, wo ist 2. komme ich 3. Gibt es 4. brauche ich 5. links, rechts, immer geradeaus 6. das weiß ich nicht, ich bin fremd hier, ich kenne mich in der Gegend hier nicht aus, ich bin nicht von hier 7. Empfang

G5 (2) Sehenswürdigkeiten (3) Denkmäler (4) Prospekt (5) Veranstaltungen (6) Ausstellungen (7) Galerien (8) Reiseführer (9) sehenswert (10) Eintrittskarten (11) Warteschlange (12) Führungen (13) besichtigt (14) Tickets (15) ausschließlich (16) online (17) reservieren (18) Informationen (19) geschehen

G6 1. Motels 2. Fremdenzimmern 3. Campingplatz, Zelt 4. Jugendherberge, untergebracht 5. Übernachtung

G7 (2) günstig (3) Einzelzimmer (4) Doppelzimmer (5) inklusive (6) Frühstücksbuffet (7) Vollpension (8) Halbpension (9) reservieren?

G8 1. Empfangshalle 2. Füllen aus, Daten 3. Lift, Gast 4. Zimmerservice, Gericht 5. Frühstücksraum 6. Vollpension, Speisesaal 7. Aussichtsterrasse, Swimmingpool, Hotelbar

G9 2. wecken 3. stören 4. das Zimmermädchen

G10 (2) zwar (3) Richtung (4) Haltstelle (5) umsteigen (6) aussteigen (7) dich beeilst (8) Verbindung (9) kriegst (10) Steig ein (11) klappt (12) verpasst (13) erst (14) hol ab

G11 2. die Stewardess / die Flugbegleiterin 3. der Busfahrer 4. der Zugführer 5. der Zugbegleiter 6. der Kellner 7. der Koch 8. das Zimmermädchen 9. der Portier 10. der Matrose 11. der Kapitän 12. die Reiseleiterin

G12 (2) Erste (3) Zweite (4) Verbindung (5) Hauptbahnhof (6) Rückfahrt (7) reservieren (8) Fensterplatz (9) macht (10) Fahrschein (11) Wagen (12) Sitz (13) Reise

G13 2. entwerten 3. Abteil 4. Speisewagen

G14 1. Schließfach, Gepäckaufbewahrung, Verspätung 2. Rucksack, liegen lassen, Fundbüro 3. E-Book, eingepackt 4. transportieren, Gepäckannahme, gebe auf

G15 2. Waggon 3. retour 4. Schlafwagen

G16 (2) Pass (3) Gepäck (4) Handgepäck (5) Band (6) wiegt (7) Übergepäckgebühren (8) Bordkarte (9) Boarding (10) Gate (11) rechtzeitig (12) Sicherheitskontrolle (13) Beginns (14) Passagiere

G17 2. abfliegen 3. Ankunft 4. landen 5. Verspätung 6. Buchung 7. Start 8. planen

G18 2. Ihr Lufthansaflug 342 nach München ist zum Einsteigen bereit. 3. Bitte legen Sie Ihre Sicherheitsgurte an. 4. Unsere voraussichtliche Flugzeit beträgt zwei Stunden.

G19 1. stürzte, Mountainbike 2. kommt, gelaufen, fährt 3. anschnallen 4. Leihwagen, nirgendwo 5. halten 6. Parkplätze 7. abholen 8. Kreuzung 9. überholen 10. bremste rechtzeitig 11. Werkstatt 12. Gehweg, Strafzettel 13. Fußgängerzone, schieben 14. Schild, stehen bleiben

G20 1. Einbahnstraße 2. Verkehr 3. gesperrt 4. Stau 5. Umleitung, Nebenstraßen 6. Ausfahrt 7. Geschwindigkeitsbeschränkungen, geblitzt 8. Unfall, Ampel, rufen 9. Tankstelle, volltanken 10. Verkehrskontrolle 11. gesperrt 12. Strafe 13. stoppte, Geschwindigkeit

G21 2. das Visum beantragen 3. das Visum wird ausgestellt / das Visum bekommen 4. einreisen 5. das Visum läuft ab 6. das Visum verlängern lassen 7. ausreisen

G22 (2) Waren (3) Staaten (4) Grenzen (5) verdächtige (6) Fahrzeuge (7) verhindern (8) Verbrecher (9) Drogenhändler

G23 1. Zoll bezahlen 2. Zollbeamte, Waren 3. Ausweis 4. gültig 5. Stempel 6. Einreisegenehmigung 7. Ausland 8. Ausländern, Mitbürgern 9. sich ausweisen 10. ausführen 11. exportiert 12. Währung 13. Staatsangehörigkeit, Papiere

H. Essen und Trinken

H1 (2) Frühstück (3) Kaffee (4) Kakao (5) Müsli (6) Honig (7) Vormittags (8) Mittagessen (9) Nudeln (10) Soße (11) Gemüse (12) Sandwich (13) Pizza (14) Kantine (15) Nachmittag (16) Obst (17) Abendessen (18) Wurst

H2 2. ernähren, Hausmeister, Kiosk 3. hungrig

H3 (2) gekochte (3) gebacken (4) gebratene (5) gegrillte (6) Knoblauch (7) vom Grill

H4 2. Stück 3. Schachtel 4. Schale 5. Päckchen 6. Paket 7. Packung 8. Kasten/Kiste 9. Flasche 10. Glas 11. Tasse 12. Schluck 13. Dose 14. Becher 15. Tüte

H5 2. Beilage 3. Hauptspeise 4. Öl 5. scharfen, Senf 6. Zucker, da drüben 7. nachschenken

H6 2. g) 3. b) 4. e) 5. f) 6. h) 7. c) 8. a)

H7 2. roh 3. weich 4. bitter 5. kühl 6. kalt, warm 7. trocken 8. zäh, braten 9. hart 10. fett 11. faul 12. haltbar bis 13. salzig, mild 14. gewürzt 15. vegetarisch 16. biologisches

H8 2. Aprikosen 3. Zwiebeln

H9 1. Menüs 2. Bar 3. Café, Mensa 4. Gasthaus 5. Raststätte 6. Lokal empfehlen 7. Gaststätte 8. habe Lust, Imbiss-Stand

H10 1. Jugendliche 2. betrunken 3. Schnaps 4. Wein 5. einschenken 6. Weinkarte 7. Bier 8. Reichst, beschwipst 9. Limonade 10. heißes Getränk, Gewürzen 11. Getränke 12. Mineralwasser

H11 das Bonbon, die Schokolade, das Eis, die Torte, der Kuchen

H12 2. zubereitet, Topf, gibst dazu, rührst, schüttest dazu, kocht, umrühren, nachschütten 3. gekühlt lagern 4. einfrieren, tiefgekühlten 5. gefroren

H13 2. Teig 3. Bratkartoffeln 4. Scheibe 5. Weinglas

H14 2. der Suppenteller 3. der kleine Teller 4. die Kaffeekanne 5. die Kaffetasse 6. die Untertasse 7. die Salatschüssel 8. die Pfanne 9. der Deckel 10. der Topf

I. Geschäfte und Einkaufen

I1 (2) mitbringe (3) Tomaten (4) Soße (5) Hackfleisch (6) Metzgerei (7) Rind (8) Schwein (9) Wurst (10) nimm mit (11) Feiertag (12) Schinken (13) Würstchen (14) Grillen (15) Bäcker (16) bestimmt (17) Einkaufsliste (18) merken

I2 1. Markt 2. Läden, Marken 3. Drogerie 4. Kaufhaus 5. selten, Buchhandlung 6. Kiosk

I3 2. Kekse 3. Forellen 4. Fleisch

I4 2. d) 3. e) 4. a) 5. c) 6. g) 7. f)

I5 1. beachten 2. Verkäufer 3. Schlange 4. reduziert, Ware 5. aufheben, Garantie 6. hole 7. Schaufenster 8. Selbstbedienung, bediene 9. Preisschild 10. Tüte 11. Prozent, Rabatt 12. ausgeben 13. reklamieren 14. etwas gegen 15. günstig

I6 (2) Tüte (3) Waren (4) Produkte (5) komisch (6) Bananen (7) Tomaten (8) direkt (9) Eingang (10) frisch (11) genauso (12) Spezielle (13) lecker (14) Angebot (15) Kunde (16) sich wohlfühlt (17) je, desto (18) Regal (19) Höhe (20) günstigeren (21) Händler (22) Extra (23) sogenannte (24) Zigaretten (25) auffällt (26) passen auf (27) Schild (28) Sonder-angebot (29) preiswerter (30) höheren (31) häufiger (32) Vorsicht (33) sogar (34) Vergleichen

I7 1. leihen 2. Geldschein 3. Münze 4. Bargeld, Scheck 5. Währung, Franken 6. Banknote 7. Kreditkarte, bar 8. Überweisungen, Gebühren 9. Kleingeld

I8 2. niedrig 3. günstig 4. gratis

I9 2. eine Uniform 3. Jeans 4. Unterwäsche 5. ein Regenmantel 6. die Badetücher, deine Badehose, meinen Bikini 7. Stiefel 8. Hut 9. Schal

I10 1. Faden 2. Seide 3. reiner Wolle 4. Baumwolle 5. Jackentasche

I11 2. eleganten, schicken 3. schmutzig, dreckig 4. bunt, sportlich 5. kurzes, einfaches, elegantes 6. altmodisch 7. bunt, farbig, einfarbig

I12 2. passt, medium 3. Kabine 4. trägt 5. umziehen 6. passt zu 7. anhatte 8. anprobieren

I13 1. Schmuck, Kette 2. Uhr, gestohlen 3. echt 4. Silber, Gold 5. Batterie

I14 2. der Klebstoff 3. die Schraube 4. die Schnur 5. der Nagel 6. die Schere 7. der Hammer 8. die Zange 9. der Schraubenzieher 10. die Bohrmaschine 11. die Säge 12. der Dübel 13. der Haken 14. der Pinsel 15. die Wasserwaage

J. Post, Behörden, Bank, Polizei und Feuerwehr

J1 2. der Absender 3. die Briefmarke 4. die Adresse / die Anschrift 5. die Postleitzahl 6. das Päckchen 7. das Paket 8. die Ansichtskarte 9. der Briefträger 10. der Briefkasten 11. der Schalter

J2 1. ausfüllen 2. aufgeben 3. schicken, schwer, Höchstgewicht, Formular 4. Ausland 5. abholen, Abholschein 6. Postlagernd, Empfänger 7. bekommen, kriegen, Schalter 8. erhalten, Express 9. Postfach 10. ausreichend frankieren, kleben, Europas, Cent

J3 2. erkundigen 3. verkürzen 4. ausstellen 5. informieren 6. einhalten 7. erlauben 8. stellen 9. versäumen 10. ausstellen, bewilligen 11. anmelden

J4 2. Botschaft, Ausland 3. Ausländer 4. um Asyl bitten 5. Fundbüros 6. Dokumente

J5 2. Heb ab, Ruhe 3. ausgeschaltet, während 4. Faxgerät 5. Handy, telefonieren 6. Anruf 7. Spreche mit, sich verwählt 8. Verbindung 9. per, erreichen 10. Anrufbeantworter, Nachricht, rufe zurück 11. auflegen 12. Vorwahl, wählen 13. Auskunft

J6 1. checken 2. vereinbart, gesendet 3. online, erledigen, Senden 4. Laptop 5. Stecker 6. Kabel 7. Leitungen 8. Ortsgespräche 9. verbinde 10. den Hörer 11. Der Tarif 12. googeln 13. chatte 14. den Link

J7 (2) Geldautomaten (3) Geheimzahl (4) bezahlt (5) Geld abheben (6) eingegeben (7) EC-Karte

J8 2. bei der Bank, am Geldautomaten, am Schalter 3. eröffnen, haben 4. einlösen, auszahlen lassen, ausstellen 5. bekommen, bezahlen 6. machen, abbezahlen, haben

J9 1. Verkehr 2. Parkverbot 3. gestohlen, Anzeige 4. Sicherheit, Polizeikontrollen 5. Strafzettel 6. stehen bleiben 7. Feuerwehr 8. Krankenwagen 9. Tote

J10 2. bekommen 3. holen 4. bestrafen 5. retten 6. töten 7. haben 8. verhindern

K. Schule, Ausbildung und Beruf

K1 (2) bereits (3) auf vorbereitet (4) Grundschule (5) dauert (6) in der Regel (7) Noten (8) Fächern (9) entweder (10) Gymnasium (11) Schuljahr (12) Ausbildung (13) Lehre (14) Betrieb (15) Jugendlichen (16) Realschulabschluss (17) studieren (18) Abitur (19) Universität (20) Schulsystem (21) unterschiedlichen

K2 2. der Rucksack 3. der Klebestift 4. die Tafel 5. der Schwamm 6. das Whiteboard 7. der Beamer 8. das Heft 9. die Mappe 10. der Block 11. der Bleistift 12. der Radiergummi 13. der Spitzer 14. der Schnellhefter 15. das Federmäppchen 16. das Lineal 17. das Geodreieck

K3 2. das Arbeitsblatt 3. der Kugelschreiber 4. der Ordner 5. die Wasserfarben 6. der Filzstift 7. das Flipchart

K4 2. lernen 3. lesen 4. aufschreiben 5. notieren 6. ankreuzen 7. mitschreiben 8. rechnen 9. zeichnen 10. malen 11. singen 12. zuordnen

K5 2. anmelden 3. Erklärst 4. abschreiben 5. aufpasst, konzentrierst, Hausaufgaben 6. Notiert 7. melde dich 8. Korrigierst 9. unterrichte 10. Schulfach, Glauben, Unterricht

K6 2. Englisch 3. Geographie 4. Physik 5. Biologie 6. Geschichte 7. Latein 8. Chemie 9. Religion

K7 2. Für jede Aufgabe gibt es nur eine richtige Lösung. 3. Hilfsmittel wie Handys oder Wörterbücher dürfen nicht benutzt werden. 4. Schreiben Sie eine Einleitung und einen Schluss zu der Geschichte. 5. Kreuzen Sie die richtige Lösung auf dem Antwortbogen an. 6. Sie lesen Kommentare zu einem Artikel. 7. Lösen Sie sieben Aufgaben. 8. Wählen Sie bei jeder Aufgabe die richtige Lösung.

K8 2. Das Modul Hören besteht aus vier Teilen. 3. Schreiben Sie etwas zu allen vier Punkten. 4. Übertragen Sie die Lösungen auf den Antwortbogen. 5. Erklären Sie den Inhalt und die Struktur Ihrer Präsentation. 6. Achten Sie auf den Textaufbau. 7. Reagieren Sie auf die Rückmeldung.

K9 1. bestanden 2. Resultat 3. schaffen 4. bewerten 5. Kursteilnehmer, Prüfung 6. vorbereitet 7. durchschnittlich 8. Zertifikat 9. Examen 10. Diplom, anerkannt 11. Zeugnis, Hochschule 12. schriftlich, mündlich 13. löse 14. Referat 15. benotet

K10 2. die Stimme 3. Das Fremdwort 4. eine Zusammenfassung 5. ein Wörterbuch 6. Begründen 7. übersetzen 8. nennen 9. fließend 10. fällt mir leider nicht ein 11. korrigieren 12. seine Muttersprache 13. Deutsch als Zweitsprache

K11 2. Kenntnisse 3. Direktor 4. Semester

K12 2. der Automechaniker 3. die Arzthelferin 4. der Bäcker 5. die Hausfrau 6. die Polizistin 7. der Bauarbeiter 8. die Stewardess 9. die Sekretärin

K13 2. Raumpflegerin/Putzfrau 3. Lehrer 4. Verkäufer 5. Friseurin (CH: Coiffeurin)

K14 1. der Taxifahrer / die Taxifahrerin 2. der Arzt / Ärztin, der Krankenpfleger / die Krankenschwester 3. der Florist / die Floristin, der Metzger / die Metzgerin 4. der Architekt / die Architektin, der Installateur / die Installateurin, der Maler / die Malerin, der Elektriker / die Elektrikerin

K15 2. Stelle, selbstständig 3. Beamte 4. Job 5. Arbeitsplatz 6. Angestellte 7. kenne mich aus, Computerspezialist 8. berufstätig

K16 2. anstrengend 3. angenehm 4. gefährlich 5. geistig arbeiten

K17 1. Aufgaben 2. Organisation 3. Bereich, verkauft 4. leitet 5. Projekt 6. Sitzung 7. entwickelt 8. Verantwortung 9. Stress

K18 2. Betrieb 3. Werkstatt 4. Firma 5. Fabrik 6. Kasse

K19 2. wechseln 3. Stellenangebot, mich um bewerben 4. gekündigt 5. arbeitslos 6. sich vorstellen 7. Aufträge, Entlassungen

K20 1. Streik, fordern, Lohnerhöhung 2. streikten 3. Überstunden 4. verdient 5. sinken 6. steigen

K21 (1) Azubis, Bewerbung, Gehaltsvorstellung (2) Praktikum (3) Vollzeit, schriftlich

K22 (2) interessiert (3) zurzeit (4) Erfahrungen (5) Fähigkeiten (6) Ziele (7) beginnen (8) Vorstellungsgespräch

K23 2. mailen, ausdrucken 3. speichern, kopieren 4. einlegen, brennen 5. anlegen

K24 2. Tastatur 3. Maus 4. Modem 5. Netz 6. checken 7. twittere 8. Laufwerk

L. Freizeit und Kultur

L1 2. Feiertag, Kurzurlaub machen 3. verbringen, Gebirge 4. habe Ferien 5. Urlaub genommen 6. ist im Urlaub 7. Wochenende 8. Freizeit 9. Feierabend 10. In den Ferien 11. Dienst 12. Ferien

L2 2. Karten spielen 3. Ski fahren 4. Tennis spielen 5. Handball spielen 6. Volleyball spielen 7. Golf spielen 8. joggen 9. klettern 10. rudern 11. segeln 12. tauchen

L3 1. Bilder 2. erkennen, vergrößern 3. hat gezeichnet 4. Fotografen 5. Handy, Akku 6. Basteln, Schere 7. Kunst, Ausstellung 8. Farben

L4 2. Glück 3. werfen 4. Spielzeug 5. Computerspiele 6. Puppe

L5 2. im Vorverkauf, an der Abendkasse 3. bestellen, kaufen, reservieren 4. geschlossen, zu 5. auf, geöffnet 6. Tickets, Eintrittskarten 7. sehr günstig, sehr teuer, frei 8. war begeistert, applaudierte, klatschte

L6 2. Garderobe 3. Reihe, Mitte 4. Schlangen 5. Notausgang

L7 1. Klavier 2. Orchester 3. Konzert, klassische 4. Oper 5. Sängerin, Musikgruppe 6. Noten 7. Musik 8. Band 9. Stimme 10. Ballett 11. Eintrittskarten, Stehplätze, Sitzplätze, ausverkauft 12. Lied, Hit 13. Zuschauer, Musiker

L8 2. Kultur 3. Kunst 4. Literatur 5. Diskussion 6. öffentlich 7. Gesellschaft

L9 1. Theater 2. bekanntes 3. Vorstellung 4. Rolle 5. Handlung

L10 1. ansehen 2. Schauspieler 3. Film 4. Hauptdarsteller 5. DVD 6. Stars

L11 (1) beantragt (2) beachten (3) Vorschriften (4) Aufnahme (5) Höhe (6) Millimeter (7) Behörden (8) kontrolliert (9) strengen (10) notwendig (11) vergleicht (12) gespeichert

L12 2. -turm 3. Denkmal 4. Gebäude 5. -kirche 6. Schloss

L13 2. Mannschaft 3. Spiel, Tor 4. Trainer 5. Training 6. Verein, trainieren 7. Sportplatz. 8. Spieler, Profi 9. geschossen 10. Team 11. Gegner, siegen 12. steht, führt 13. Ergebnis, unentschieden 14. fit

L14 2. Versammlung 3. Klub, ab und zu 4. treffen, Fahrgemeinschaften 5. Verein, treibe Sport

L15 2. gesendet 3. hört 4. zuschauen 5. spreche 6. aufgenommen 7. empfangen

L16 2. der Bildschirm 3. die Fernbedienung 4. der CD-Player 5. der Lautsprecher 6. der Radioapparat

L17 2. Chatten, Chatroom 3. Blogs, bloggt 4. User 5. twittern, Follower

L18 2. Spielfilme, privaten, Werbung 3. Nachrichtensendung 4. Wetterbericht 5. Serie, Krimi 6. Studio 7. Bericht

L19 2. Taschenbuch 3. Bücherei 4. Dichter, Schriftsteller 5. Inhalt 6. Titel 7. Journalist

L20 2. bekannt 3. hässlich 4. ernst 5. super 6. schlecht

M. Politik und Gesellschaft

M1 1. Unglück 2. gefährlich 3. Lage, ernst 4. aktuellen 5. Gleichberechtigung 6. kritisch 7. Neuigkeiten, Informationen 8. Schlagzeilen, Katastrophen

M2 2. wollen, fordern, verlangen 3. lösen 4. machen, fordern

M3 (2) Volk (3) Demokratie (4) Bürger (5) Recht (6) Staaten (7) Politiker (8) vertreten (9) Wahlen (10) geheim (11) zwingen, (12) wählen (13) überträgt (14) Vertreter (15) auf Zeit

M4 2. vier 3. vertreten 4. eine Partei. 5. entschieden

M5 2. Mehrheit 3. die Regierung 4. Wahlpflicht 5. abstimmen 6. freiwillig

M6 2. loben 3. demonstrieren 4. streiken 5. reformieren 6. verhandeln 7. kritisieren

M7 2. a) 3. e) 4. f) 5. g) 6. b) 7. c)

M8 2. Außenminister 3. Innenminister, zuständig 4. Parlament 5. Bundeskanzlerin, Amt 6. berät 7. stimmt ab, Mehrheit, zustimmen 8. Parteien, CDU, CSU, SPD

M9 (1) ursprünglichen (2) Arbeiter (3) Ziele (4) Gerechtigkeit (5) unterstützen (6) Sozialsystems

M10 (2) Bundesländern (3) Programm (4) christlichen (5) verpflichtet (6) konservative (7) Unternehmen (8) Staat (9) Schulden (10) Umweltschutz (11) friedliche (12) Kulturen (13) Gesellschaft (14) entstanden

M11 1. niedrige 2. Unterstützung 3. gerechten, unterstützen, fair 4. arm, durchschnittlichen

M12 (2) Organisation (3) Frieden (4) regelmäßig (5) Konflikte (6) Lösungen (7) Rolle (8) Krieg (9) Vorschläge (10) lösen (11) schickt (12) Soldaten (13) kämpfen (14) Streit (15) Gegnern

M13 (2) weltweit (3) Soldaten (4) töten (5) eingesetzt (6) militärisches (7) Waffen (8) schießen

M14 (2) Bereiche (3) produzieren (4) Handel (5) Versicherungen (6) Landwirtschaft (7) Autoindustrie (8) Nahrungsmittelindustrie

M15 1. Angebot, Produkt, Ware 2. eröffnet, Konkurrenz 3. finanzielle 4. Zinsen 5. Energie, reduzieren 6. Forschung, entwickelt 7. Markt

M16 (2) kommt aus (3) gefordert (4) zukünftiger (5) Generationen (6) Regionen (7) Entwicklung (8) Umwelt (9) wirtschaftlichen

M17 2. der Import 3. importieren 4. fallen 5. abnehmen

Teil 2: Grammatik

N. Verben

N0 (2) nimmt (3) hat (4) fährt ab (5) ist (6) steht (7) fragt (8) denken (9) brauchen (10) antwortet (11) sind (12) steigen aus (13) gehen (14) kommen (15) gibt (16) läuft (17) fällt (18) bemerkt (19) hebt auf (20) folgt (21) spricht an (22) glaube (23) brauchst (24) möchtest (25) sieht an (26) ruft (27) hast (28) erklärt (29) dankt (30) verabschiedet (31) will (32) gefällt (33) fragt (34) Darf (36) Hast gesessen (37) habe genommen (38) hatte (39) ist abgefahren (40) war (41) hat gestanden (42) hast gemacht (43) bin ausgestiegen (44) gelaufen (45) ist gefallen (46) habe bemerkt (47) ist passiert (48) hat angesprochen (49) bin erschrocken (50) hat erklärt (51) gesehen hat (52) verloren habe (53) hat aufgehoben (54) zurückgebracht (55) hat gefallen (56) hat begleitet (57) gefragt (58) hast gegeben (59) haben telefoniert (60) habe eingeladen

N1 1. *i → a:* sprang, sang, gelang
2. *ie → o:* flog, fror, verlor, zog, schloss, floss
3. *ei → ie:* blieb, schrieb, lieh, schrie
4. *ei → i:* schnitt, stritt
5. e → a: aß, las, sah, geschah
6. *a → u:* trug, schlug

N2 (2) musste (3) war (4) hattest (5) durfte (6) war (7) musste (8) wollte (9) hatte (10) Durftest (11) musste (12) war (13) war (14) war (15) wolltest (16) wollte (17) waren (18) konnte (19) hatte (20) sollte (21) konntest (22) war (23) konnte/durfte (24) durfte/konnte

N3 2. grüßten 3. standen auf, kam, boten an 4. lebten, waren 5. schrieben 6. gingen, sahen 7. fuhren, gingen 8. trugen 9. halfen 10. gefielen

N4 (2) kam (3) besuchte (4) lernte (5) weglief (6) wollte (7) folgte (8) begann (9) schrieb (10) veröffentlichte (11) lebte (12) heiratete (13) war (14) verschickte (15) gab heraus (16) war (17) zog zurück (18) wohnte (19) blieb (20) schuf (21) bekam (22) beantwortete (23) starb

N5 2. f) 3. a) 4. e) 5. b) 6. g) 7. c)

N6 2. Christoph hatte die ganze Nacht getanzt. Am nächsten Morgen war er schrecklich müde. 3. Ende Dezember lagen zwei Meter Schnee, da es eine Woche lang pausenlos geschneit hatte. 4. Die Mutter musste die Küche putzen, weil ihre Kinder einen Kuchen gebacken hatten. 5. Endlich bekam Hannes einen neuen Job, nachdem er zwanzig Bewerbungen geschrieben hatte. 6. Klara freute sich auf das Abendessen. Sie hatte seit dem Frühstück nichts mehr gegessen. 7. Anna fuhr stolz mit ihrem neuen Fahrrad. Sie hatte es zum Geburtstag bekommen.

N7 2. Wird sein 3. werde leben, werden haben 4. geben wird 5. werden kämpfen 6. werden verstehen 7. wird entwickeln, wird existieren 8. wird kommen 9. werdet einsehen

N8 2. müsstest aufräumen 3. dürften fernsehen 4. würde stehen 5. könntest helfen 6. solltest geben 7. Könntest gehen 8. lernen würdest, könnte schreiben 9. wäre, anschauen würdest, könntest lernen 10. lassen würde

N9 2. Wenn ich singen könnte, wäre ich eine Opernsängerin. 3. Wenn ich Millionär wäre, würde ich eine Villa am Meer kaufen. 4. Wenn Stefan einen Hund hätte, könnte er jeden Tag mit ihm joggen gehen. 5. Wenn meine Kinder gerne kochen würden, müsste ich nicht jeden Tag für die Familie kochen. 6. Wenn du viel lernen würdest, hättest du in der Schule gute Noten. 7. Wenn wir genug Geld hätten, würden wir im Sommer Urlaub auf den Malediven machen.

N10 2. hätte 3. schreiben würde (schriebe) 4. tun würde (täte) 5. wissen würde (wüsste) 6. bleiben würde (bliebe) 7. gehen würden (gingen) 8. lassen würde (ließe)

N11 2. j) 3. g) 4. i) 5. a) 6. b) 7. c) 8. d) 9. e) 10. f)

N12 2. Es sieht aus, als ob es bald regnen würde. 3. Aber er redet so, als ob er zu viel getrunken hätte. 4. tut er nur so, als ob er viel Stress hätte. 5. Er tut nur so, als ob er musikalisch wäre.

N13 2. Wegen Bauarbeiten werden die Linien U3 und U6 für eine Stunde geschlossen. 3. Ab August wird das Theater renoviert. 4. Hier wird eine neue U-Bahn-Station gebaut. 5. Die Besucher werden gebeten, im Museum nicht zu fotografieren. 6. Die Ausstellung wird am 16. Mai eröffnet. 7. Autos ohne Parkerlaubnis werden von der Polizei abgeschleppt. 8. Die Funktion der Kamera wird in der Gebrauchsanweisung erklärt.

N14 2. müssen reserviert werden 3. darf vergessen werden 4. sollen vorbereitet werden 5. muss geklärt werden 6. muss gebucht werden 7. kann benachrichtigt werden 8. muss entworfen werden

N15 Der Münchner Viktualienmarkt ist ein großer Platz im Zentrum der Stadt. Seit 1806 wird hier Obst und Gemüse verkauft, aber auch Brot, Fleisch oder Käse gibt es hier. Mitten auf dem Marktplatz steht ein großer Maibaum. Er wird am 1. Mai mit einem frischen Kranz geschmückt und zeigt das traditionelle Handwerk in München. Auch einen gemütlichen Biergarten gibt es hier. Da wird Bier getrunken, da werden Würstel gebraten und Brezen gegessen. Mit kleinen Brunnen wird an berühmte bayerische Schauspieler erinnert. Am Faschingsdienstag wird hier den ganzen Tag über Fasching gefeiert. Vormittags kann man den traditionellen Tanz der Marktfrauen sehen, und später gibt es Musik und natürlich jede Menge zu trinken. In den Bäckereien um den Marktplatz werden Faschingskrapfen verkauft und zu späterer Stunde – wenn man Glück hat – sogar verschenkt. Den Touristen wird von den Stadtführern am Viktualienmarkt viel über die Münchner Geschichte erzählt – auf jeden Fall ist dieser Platz einen Besuch wert!

N16 1. wurde geholt, getragen, angezündet 2. wurde gegessen, wurde genannt, wurde gebraut, getrunken, gebrochen wurde 3. wurden gesucht, wurden geschlagen, wurde genommen 4. wird gegessen, wird angezündet, werden geschlagen

N17 2. Die Flüge nach London sind nicht gebucht worden. 3. Die Werbebriefe sind nicht vor 17 Uhr zur Post gebracht worden. 4. Der Termin bei der Messe ist nicht abgesagt worden. 5. Die Handwerkerrechnung ist nicht überprüft worden. 6. Abends ist die Kaffeemaschine / Die Kaffeemaschine ist abends nicht ausgeschaltet worden. 7. Die Bürotür ist nicht zugeschlossen worden. 8. Das Angebot für London ist nicht ins Englische übersetzt worden. 9. Die leeren Kaffeetassen auf den Schreibtischen sind nicht weggeräumt worden.

N18 2. ist verlaufen, geteilt hat 3. ist gegangen 4. durfte benutzt werden 5. ist geschossen worden 6. ist abgebaut worden 7. kann besichtigt werden 8. ist eingerichtet worden 9. werden erzählt, gegraben worden ist 10. sind geflohen

N19 2. j) 3. a) 4. g) 5. b) 6. e) 7. c) 8. d) 9. h) 10. i)

N20 1. an, mit, davon, darüber, auf, in, von
2. darauf, vom, von, davon
3. an, um, an, dafür, auf, beim, über, dagegen

N21 2. Über wen oder worüber? 3. Woran? 4. Bei wem und wofür? 5. Wonach? 6. Wovon? 7. In wen?

N22 (2) an (3) darauf (4) auf (5) darüber (6) für (7) mit (8) auf (9) darüber (10) um (11) von (12) mit (13) daran (14) davon (15) mit (16) darunter (17) dafür

N23 2. Du brauchst nicht die Blumen zu gießen, lass unseren Gärtner im Garten arbeiten! 3. Du brauchst nicht zum Einkaufen zu gehen, das kannst du unser Hausmädchen machen lassen! 4. Du brauchst nicht das Wohnzimmer aufzuräumen, lass unsere Hausdame für Ordnung sorgen! 5. Du brauchst dein Auto nicht selbst zu fahren, lass unseren Chauffeur dich in die Firma bringen! 6. Du brauchst deine Briefe nicht selbst zu schreiben, lass deinen Sekretär das erledigen! 7. Wir brauchen nicht so viel Personal zu bezahlen, lass uns alle Arbeit selbst erledigen!

N24 2. – 3. – 4. – 5. zu 6. zu 7. zu 8. zu 9. zu / – 10. zu / – 11. zu 12. zu 13. zu 14. – 15. – 16. zu 17. zu

N25 1. dich 2. mir, sich 3. mir, dir 4. dich, uns 5. mich, mir 6. mich, mir, sich 7. dir, sich, mich

O. Satz

O0 2. Endlich ist der Winter vorbei und er kann wieder zu seinem Schiff an den See fahren. 3. Er holt sein Fahrrad aus der Garage und nach zehn Minuten kommt er am See an. 4. Doch dort ist er nicht alleine. 5. Eine Ente sitzt in seinem Schiff auf einem Ei und möchte nicht gestört werden. 6. Michael überlegt kurz, was er tun kann, und geht erst einmal zum Schwimmen. 7. Dann denkt er, dass er lieber eine Radtour macht und die Ente nicht stört. 8. Nach ein paar Wochen kommt er wieder zum Schiff, und sieht die Ente mit ihrem Kind am Ufer schwimmen. 9. Jetzt kann er endlich auf sein Schiff!

O1 2. e) 3. a) 4. b) 5. i) 6. c) 7. d) 8. j) 9. f) 10. g)

O2 2. den 3. das 4. dem 5. das, dem 6. die, der 7. der, dem 8. das

O3 1. aus dem, durch den
2. die, aus der, in der
3. das, mit dem, über das
4. mit denen, die, die

O4 (2) die (3) der (4) die (5) der (6) denen (7) dem (8) den (9) die (10) der

O5 1. mit dem, der, von dem, über den, auf den 2. mit der, in die, mit der, die, für die, mit der

O6 2. Morgen stelle ich dir unseren neuen Mitarbeiter vor, mit dem du ab nächster Woche zusammenarbeiten wirst. 3. Endlich hat sich Karl mit der Frau verabredet, an die er ständig denken muss. 4. Bitte, Alexander, triff dich nicht mehr mit den Jungen, mit denen du sowieso immer nur streitest! 5. Der Deutschkurs, an dem Chantal teilnehmen möchte, beginnt am 4. Mai. 6. Ich möchte Ihnen den Institutsleiter vorstellen, an den Sie sich gerne mit Fragen und Problemen wenden dürfen. 7. Das hier sind meine Freunde Jim und Joe, von denen ich dir schon viel erzählt habe.

O7 2. Soeben steigt Natalie Portman aus dem Taxi, deren fantasievoll geschnittenes Abendkleid ihre schmale Figur betont. 3. Penélope Cruz, deren Absätze bestimmt 20 Zentimeter hoch sind, geht sicher über den roten Teppich. 4. Mickey Rourke, dessen Lederjacke wie eine Schlangenhaut aussieht, ist in Begleitung einer jungen Schönheit. 5. Brad Pitt und Angelina Jolie, deren sechs Kinder in den USA geblieben sind, lächeln in die Kameras. 6. Schließlich fährt auch Woody Allen vor, dessen große Hornbrille sein Markenzeichen ist.

O8 2. d) Die Schweiz ist ein Land, wo vier Sprachen gesprochen werden. 3. a) Über Deutschland habe ich vieles gelesen, was mich interessiert. 4. i) ‚Englischer Garten' heißt der Park in München, wo ich mich am besten erhole. 5. g) In seiner Heimatstadt gibt es nichts, was er noch nicht gesehen hätte. 6. c) Der Hafen ist bis jetzt leider alles, was ich von Hamburg gesehen habe. 7. j) Das Bier ist das, was Bayern in der Welt bekannt gemacht hat. 8. e) Nordrhein-Westfalen ist das Bundesland, wo es am meisten Industrie gibt. 9. h) Sanssouci heißt das Schloss in Potsdam, wo die preußischen Könige gelebt haben. 10. b) Sie hat eine lange Reise durch Deutschland gemacht, was ihr sehr gut gefallen hat.

O9 2. auf die 3. wo / in dem 4. worüber 5. was 6. mit dem 7. um die 8. wovor 9. woran 10. worüber 11. das 12. der

O10 (2) Wenn (3) Als (4) wenn (5) wenn (6) Als (7) als (8) wenn (9) wenn

O11 2. Bevor ich Ida zum Kindergarten gebracht habe, habe ich die Betten gemacht. 3. Nachdem ich eingekauft hatte, habe ich die Kontoauszüge von der Bank geholt. 4. Während ich Suppe gekocht habe, habe ich mit Omi telefoniert. 5. Nachdem Tanja heim gekommen war, haben wir zusammen gegessen. 6. Bevor ich Ida abgeholt habe, habe ich mit Tanja Hausaufgaben gemacht. 7. Während ich am Spielplatz auf Ida aufgepasst habe, habe ich Vokabeln für Italienisch gelernt. 8. Nachdem ich nach Hause gekommen war, habe ich im Garten Blumen gegossen. 9. Nachdem ich das Abendessen vorbereitet hatte, habe ich mit den Kindern gegessen. 10. Bevor ich mit Tanja Federball gespielt habe, habe ich Ida ins Bett gebracht.

O12 (2) wenn (3) bevor (4) nachdem (5) während (6) als (7) wenn (8) bevor (9) Während (10) sobald (11) Nachdem (12) Seitdem

O13 2. weil 3. obwohl 4. weil 5. obwohl 6. obwohl 7. weil 8. obwohl 9. obwohl 10. weil 11. obwohl 12. obwohl

O14 1. wenn, Falls/Wenn 2. Falls, da, Wenn, Weil 3. Falls/Wenn, da, weil, wenn

O15 2. um sich einen Porsche zu kaufen 3. um mit seiner Frau in zwei Jahren eine Weltreise zu machen 4. damit sein Haus in zehn Jahren renoviert werden kann 5. damit man von der Straße nicht hineinschauen kann 6. um seine Ruhe zu haben 7. damit sein Chef ihn beneidet 8. um die Frauen zu beeindrucken 9. um sich einen Kindheitstraum zu erfüllen 10. um nicht immer nur Porsche zu fahren

O16 2. anstatt 3. ohne 4. um 5. anstatt 6. um 7. ohne 8. um 9. anstatt

O17 2. Malte ist Schwimmweltmeister geworden, indem er täglich trainiert hat. 3. Julius ist Architekt geworden, indem er lange studiert hat. 4. Raffaela hat einen Musikpreis gewonnen, indem sie täglich geübt hat. 5. Vincent ist reich geworden, indem er einen Bestseller geschrieben hat. 6. Alexander hat eine tolle Erfindung gemacht, indem er geduldig experimentiert hat. 7. Tatjana hat gegen die Schließung der Firma protestiert, indem sie Unterschriften gesammelt hat. 8. Fritz ist ein berühmter Filmschauspieler geworden, indem er in Werbespots gespielt hat.

O18 2. so dass 3. um zu 4. sodass 5. damit 6. so dass 7. sodass 8. ohne zu

O19 2. a) wie der Lehrer befürchtet hatte 3. d) als geplant war 4. b) als die Wissenschaftler berechnet hatten 5. j) wie es die Agentur gehofft hatte 6. c) wie immer alle gesagt haben 7. i) wie du gesagt hattest 8. e) als die Wettervorhersage es angekündigt hatte 9. h) als sie geglaubt hatten 10. f) wie ich dafür gespart habe

O20 2. während 3. als 4. nachdem 5. so dass 6. weil 7. damit 8. Nachdem 9. Als 10. wenn 11. Da 12. bis

O21 2. Je größer das Interesse an Latein ist, desto mehr Geld verdient man später in seinem Beruf. 3. Je mehr Sport Kinder machen, desto größer werden sie. 4. Je mehr Hausaufgaben man macht, desto klüger wird man. 5. Je kürzere Haare ein Junge hat, desto besser kann er denken. 6. Je weniger die Schüler sprechen, desto besser lernen sie.
(*Anmerkung:* Statt ‚je …, desto' kann man auch ‚je …, umso' benützen.)

O22 (2) obwohl (3) Wenn (4) ohne (5) um (6) Wenn (7) falls (8) wenn (9) damit (10) Falls (11) während (12) Da

O23 1. Falls 2. wenn, um … zu, damit 3. seitdem, nachdem 4. um … zu 5. wenn, bevor, während 6. seitdem, wenn, anstatt … zu

P. Nomen

P0 (2) dem (3) dem (4) der (5) die (6) ein (7) der (8) dem (9) den (10) ein (11) ein (12) Das (13) im (14) einem (15) eine (17) Taschen (18) Hosen (19) Pullover (20) Kleider (21) Dokumente (22) Landkarten (23) Stadtpläne (24) Reisenden (25) Informationen (26) Handys (28) dem (29) die (30) den (31) die (32) den (33) den (34) die (35) keine (36) den

P1 (2) die Nase seines Großvaters Balthasar (3) die Nase des Vaters (4) die Nase meines Vaters (5) der seiner Großmutter (6) die der Großmutter (7) die Augen seines Brüderchens (8) das der Mutter

P2 1. meines Sohnes 2. ihres Buches 3. des Kleides, des Stoffes 4. unseres Hauses 5. der Kinder der Klasse, Herrn Müllers 6. dieses Jahres 7. des Films 8. Moritz' 9. Birgits 10. des Wagens, der Garage 11. Wagners, ihres Mannes 12. meiner Zeit, unseres Gartens, des Büros

P3 (2) Biologen (3) Italiener (4) Kollegen (5) Namen (6) Buchstaben (7) Polizisten (8) Abend (9) Demonstranten (10) Friedens (11) Franzosen (12) Gedanken (13) Deutschen (14) Nähe (15) Direktor (16) Chef (17) Menschen (18) Löwen (19) Herzens

Q. Adjektive

Q0 1. blauen, neues, schön, gelbe 2. kühler, warm, kalter, richtig heiß 3. spannendes, viele tolle 4. einfach, bunten, gut, laut, tot, schrecklicher 5. Japanischen, gebratenem, grünen, frisches, fantastisch 6. schmutzigen, zweiten, seltsamen, schönen, lässig gekleidet, hübsch, elegant

Q1 1. höchste 2. längeres, längste 3. schwereres, schwerste 4. schnellere, schnellste 5. weiter, weitesten 6. älter, höchsten

Q2 1. langweiligere 2. schwerste, unsicherere 3. geringeren, älteren 4. teurere, bessere, mehr 5. niedrigeres 6. häufigsten 7. höheres 8. größerer

Q3 2. selbst genähte Kleider 3. noch dampfenden Apfelkuchen 4. über lange Jahre gesammelten Briefmarken 5. schlafenden Sohn ins Bett 6. mit einem gestohlenen Auto auf der Flucht 7. mit unseren gerade neu gekauften Fahrrädern 8. nach dem von ihm verursachten Unfall Fahrerflucht begangen

Q4 2. Deutsche 3. Angestellten 4. Unbekannter 5. Fremder 6. Betrunkener 7. Verletzte 8. Gefangener 9. Jugendliche 10. Bekannten 11. Arbeitsloser 12. Verliebte 13. Blonde 14. Verwandten 15. Verstorbener

Q5 (2) blühende (3) duftende (4) frisches (5) mehr (6) Verliebte (7) Beste (8) langer (9) heiße (10) kühlen (11) wärmer (12) Deutsche (13) gemütlichen (14) Sicheres (15) am liebsten (16) Reisenden (17) gefärbten (18) mildes (19) stürmisches (20) schönstes (21) gemütliches (22) bitterkalter (23) niedrigsten (24) ganzen (25) gute (26) wärmenden (27) sonnigen (28) langen (29) verschneite

R. Präpositionen

R0 1. aus dem 2. ins, unter die, über den 3. In der, auf den, aus dem 4. zum, mit 5. Vor dem, im, auf, für 6. auf den, an die 7. vom, ohne 8. Nach, an den 9. durch den, hinter

R1 2. trotz einer/ihrer schweren Erkältung 3. wegen der Verspätung seines Zuges 4. wegen zu geringer Nachfrage 5. wegen einer Verletzung am Knie 6. trotz des heftigen Gewitters 7. trotz der/ihrer Kopfschmerzen 8. trotz ihres vielen Geldes und ihres großen Erfolges

R2 2. Während, -es, -es 3. innerhalb, -es, -es 4. Außerhalb, -er 5. Während, -es, -s, während, -er 6. innerhalb, -er 7. Außerhalb, -er, -er 8. während, -es, -s 9. außerhalb, -er, während, -er, -en

R3 2. gegenüber, in 3. innerhalb, vor, zu, nach 4. entlang 5. an, über 6. außerhalb, auf 7. hinter

R4 (2) außerhalb, -er (3) Um, -ie (4) Gegenüber, -em (5) –en, entlang (6) an, -en/zu, -em (7) Von, -em (8) bis zum (9) innerhalb von (10) während, -es, -s (11) Trotz, -es (12) wegen, -er, -er (13) ab, -er (14) für

S. Pronomen

S0 (2) mir (3) uns (4) unser (5) ihm (6) er (7) seine (8) unseren (9) Ihren (10) mich (11) meine (12) wir (13) meine (14) mich (15) ihr (16) mir

S1 2. -einen 3. -eins 4. -eine 5. -einen 6. -eine 7. Welche 8. -welchen 9. Einer 10. -eins

S2 2. - 3. Es 4. es 5. - 6. es 7. Es 8. Es 9. - 10. es 11. es 12. es 13. Es 14. Es 15. es

S3 2. Hast du gehört, ob es an der Tür geklingelt hat? 3. Findest du es in Deutschland schön? 4. Das Schulhaus wird in den Ferien renoviert. / In den Ferien wird das Schulhaus renoviert. 5. Ist es möglich, in München ein billiges Hotel zu finden? 6. Schmeckt es dir wirklich? 7. Es werden zur Konferenz 250 Teilnehmer erwartet. / Zur Konferenz werden 250 Teilnehmer erwartet. 8. Im Mai kann man fühlen, / Man kann im Mai fühlen, dass es bald Sommer wird. 9. In den Bergen hat es die ganze letzte Woche geschneit. / Die ganze letzte Woche hat es in den Bergen geschneit. / Es hat die ganze letzte Woche in den Bergen geschneit. 10. Es gefällt mir, dass du dich so sehr für Musik interessierst.